Mit sicherem Gefühl für Pointen, mit leiser Ironie und einem wachsenden Gefühl für das Brüchige in der Welt erzählt er seine neuesten Geschichten. Da ist die Dichterin, die Kindern eine Geschichte über ein Feuer im Garten so lebhaft erzählt, dass ein kleiner dreijähriger Junge begeistert aufspringt und losläuft und gar nicht merkt, wie er dabei die eigentliche Geschichte versäumt. Da ist der Autor, der ausgerechnet auf einer Fahrt zu einer Lesung vergessen hat, sein Buch mitzunehmen. Oder da ist der Erzähler, der merkwürdig einsilbig bleibt, als ihm ein Mann in der Nachbarschaft erklärt, bald würden sie hier die Fremden sein und die Einheimischen die Fremden von heute. Franz Hohler hat sich wie das Kind in der Geschichte vom »Feuer im Garten« die Gabe zum Staunen bewahrt. Er beobachtet die Welt um sich genau, und nicht selten verwundert ihn, was er sieht. Diese Momente des Staunens und der Verwunderung halten die hier versammelten neuen Erzählungen Franz Hohlers in der ihm eigenen, scheinbar beiläufigen Weise virtuos und fesselnd fest.

FRANZ HOHLER wurde 1943 in Biel, Schweiz, geboren, er lebt heute in Zürich und gilt als einer der bedeutendsten Erzähler seines Landes. Franz Hohler ist mit vielen Preisen ausgezeichnet worden, u.a. erhielt er 2002 den Kasseler Literaturpreis für grotesken Humor, 2005 den Kunstpreis der Stadt Zürich, 2013 den Solothurner Literaturpreis, 2014 den Alice-Salomon-Preis und den Johann-Peter-Hebel-Preis.

Franz Hohler

Ein Feuer im Garten

btb

Sollte diese Publikation Links auf Webseiten Dritter enthalten,
so übernehmen wir für deren Inhalte keine Haftung,
da wir uns diese nicht zu eigen machen, sondern lediglich auf
deren Stand zum Zeitpunkt der Erstveröffentlichung verweisen.

Verlagsgruppe Random House FSC® N001967

1. Auflage
Genehmigte Taschenbuchausgabe Dezember 2017
btb Verlag in der Verlagsgruppe Random House GmbH,
Neumarkter Str. 28, 81673 München
Copyright © 2015 Luchterhand Literaturverlag, München,
in der Verlagsgruppe Random House GmbH
Umschlaggestaltung: semper smile, München
nach einem Entwurf von buxdesign, München, unter Verwendung
eines Motivs von © shutterstock/Olga Kovalenko
Druck und Einband: GGP Media GmbH, Pößneck
cb · Herstellung: sc
Printed in Germany
ISBN 978-3-442-71582-4

www.btb-verlag.de
www.facebook.com/btbverlag

Ein Feuer im Garten

Im Halbkreis sitzen und liegen die Kinder auf Kissen um die Dichterin herum, und sie erzählt ihnen eine Geschichte, in der bald nach dem Anfang ein Kind nachts voller Angst ans Fenster rennt, weil es glaubt, es sei ein Feuer im Garten.

An dieser Stelle ruft ein Dreijähriger im Publikum laut: »Ein Feuer im Garten!«, steht begeistert auf und läuft weg, weg von der Erzählerin und den andern Kindern. Die Fortsetzung, welche erst die eigentliche Geschichte ist, die Fortsetzung braucht er nicht, denn man hat ihm soeben etwas Wichtiges mitgeteilt, etwas, das er sich vorstellen kann, etwas, das nun seinen ganzen Kopf und sein ganzes Herz, wahrscheinlich auch seine Beine und Arme ausfüllt, eine große, eine mächtige, eine wärmende Geschichte: ein Feuer im Garten.

Aufbruch

Beim Gang zum Bahnhof Oerlikon merke ich nach einem Griff in die Tasche, dass ich mein Mobiltelefon vergessen habe einzustecken.

Im Hauptbahnhof bleibt mir Zeit, eine heiße Schokolade zum Mitnehmen zu kaufen, eine »sehr« heiße, wie ich bei der Bestellung präzisiere. Als sie vor mir auf dem Tresen steht, versuche ich den weißen Deckel abzuklauben, um das Schokoladepulver, das separat auf dem Tablett liegt, in den Kartonbecher zu streuen und spüre plötzlich, dass das, was ich für den Deckel hielt, die sehr heiße Milch ist, in die ich mit dem Handballen gegriffen habe. Ich nehme mir eine Serviette, wische mir damit den Milchschaum ab, schütte das Pulver hinein, drücke dann den Deckel drauf, stecke das Rührstäbchen durch den Schlitz und gehe damit zum Gleis, an dem der Zug nach Brig schon bereitsteht.

Ich steige ein, setze mich, stelle die heiße Schokolade auf das Tischchen und nehme das Buch, aus dem ich heute Abend vortragen will, aus dem Rucksack. Da die Fahrt über zwei Stunden dauert, will ich unterwegs nochmals in aller Ruhe überlegen, welche Stellen aus meinem Roman ich wähle.

In der Hand halte ich aber zu meinem Erstaunen den Roman »Wald aus Glas« von Hansjörg Schertenleib, ein Buch, das ich gestern zu Ende gelesen habe. Es hat etwa dasselbe Format wie mein »Gleis 4«.

Im Abteil neben mir sucht eine Frau so lange ihr Handy, bis der Herr vis-à-vis sie fragt, ob er sie anrufen solle. Sie gibt ihm die Nummer, er tippt sie ein, und es klingelt aus den Tiefen ihrer Handtasche. Als sie sich bedankt, sagt er, gern geschehen, er habe Übung, seine Frau habe heute Morgen ihr Handy auch schon verlegt.

Trittsicher sehen wir aus, sind ausgerüstet für die tägliche Lebensexpedition und kämpfen doch ständig gegen unsere Auflösung.

Abschied

Heute war ich auf dem großen Friedhof in Zürich.

Ich habe Gottfried Keller gegrüßt, dessen »Sinngedicht« ich gerade lese, ihm gegenüber Walter Mehring, der mich als neugierige kleine Statuette gemustert hat. Ihn habe ich noch lebend gekannt, habe ihm sogar durch eine Fürsprache bei der Präsidialabteilung der Stadt eine Reise nach Berlin ermöglicht, damit er in einem dortigen Theater eine Revue mit seinen Texten besuchen konnte. Ich war bei Hugo Loetscher und Johanna Spyri, bei Alfred Polgar auch, der wie Mehring ebenfalls aus seinem amerikanischen Exil zurück nach Zürich kam, obwohl man ihn vor dem Krieg von hier ausgewiesen hatte.

Und auf einmal war ich bei den neuen Gräbern, wo eine Erdbestattung im Gange war. Vor einem weißen Sarg sprach ein junger Priester in einer langen weißen Soutane, die im Wind flatterte, ein Gebet, ein schwarz gekleideter Friedhofangestellter stand dabei, und zwischen ihnen saß auf einem Klappstuhl eine kleine alte Frau. Sie ganz allein war die Trauergemeinde. Als das Gebet gesprochen war, stand sie mühsam auf, nahm aus einer Schüssel, die der Pfarrer ihr darbot, ein Schäufelchen Erde und warf diese auf den Sarg. Eine einzige rote Rose lag darauf, während sich auf dem frischen Nachbargrab üppige Kränze und Blumen drängten. Dann drehte sie sich um, der Pfarrer steckte sein Gebetbuch in eine Mappe, hielt dann die Frau am einen Arm, der Friedhofmann hielt sie am andern, und langsam hinkte sie zur Fahrstraße, auf der sie ein Auto erwartete.

Als die drei bei mir vorbeikamen, zog ich meine Mütze und sagte zu ihr: »Ich kondoliere Ihnen«, und sie schaute mich bekümmert und wortlos durch ihre dicken Brillengläser an.

Später kam der Schwarzgekleidete zurück, drückte auf einen Hebel des Metallgestells, auf dem der Sarg lag, und langsam entrollten sich die Bänder, die ihn trugen, und versenkten ihn in der ausgehobenen Grube.

Ein kurzer Ruf genügte, und zwei Arbeiter in grünen Jacken kamen hergefahren, der eine mit einem kleinen Transportgefährt, auf den er das Gestell laden konnte, der andere mit einem Bagger, um das Grab zuzuschütten und den Sarg der Vergänglichkeit zu übergeben.

Von Zürich nach Zürich

Als ich, zwei Treppenstufen auf einmal nehmend, um 10.37 h das Perron erreiche, auf dem die S16 steht, piepsen ihre Türen und schließen sich, und sie setzt sich in Bewegung. Da mir 4 Minuten später die nächste Fahrt von Oerlikon zum Hauptbahnhof angeboten wird, ärgere ich mich nicht, sondern gehe gemächlich die Treppe hinunter und steige bei Gleis 1 wieder ans Tageslicht.

Pünktlich fährt die S14 ein, ich betrete den vordersten Wagen, gehe in den oberen Stock und lasse mich auf einem Längssitz nieder. Ich sitze gerne oben, es gibt auch einer kurzen Fahrt etwas Ferienhaftes. Mir gegenüber nimmt eine elegante Frau Platz, klappt ihr Handy auf und beginnt ein Telefongespräch in einer slawischen Sprache. Im Abteil hinter mir liest eine Frau mit getönter Brille den »Blick am Abend«, obwohl es Morgen ist. »Warum diese …?« heißt die Schlagzeile, doch was »diese« ist, verschwindet hinter einem Falz auf dem Oberschenkel der Leserin. Der Mann im andern Abteil tippt ein SMS in sein Mobilfunkgerät. Ein Dunkelhäutiger mit einem Zettel in der Hand hat sich in Fahrtrichtung neben einen andern Fahrgast gesetzt, es schien mir, dieser sei ein bisschen erschrocken, als er seinen Jackensaum etwas zu sich zog. Ein junger Mann mit ohrendeckenden Kopfhörern liest ein Buch, weiter hinten trinkt ein anderer junger Mann aus einer schwarzen Dose, die mit »ok« beschriftet ist. Von irgendwoher ist das Klappern einer

Laptoptastatur zu hören. Die meisten Menschen benutzen die Zeit unterwegs, um sich mit der Welt außerhalb des Zuges zu verbinden, fast niemand sitzt einfach tatenlos da.

Im Tunnel wird auf dem Monitor Wipkingen angezeigt, zusammen mit den nächsten Bus-Verbindungen, die Nr. 33 nach Bahnhof Tiefenbrunnen komme ca. 3 Min. später, teilt mir die Schrift mit.

Eine Frau mit einem Sichtmäppchen und einem Buch im angewinkelten Arm steht schon an der Tür, als ich kurz vor der Ankunft im Hauptbahnhof herunterkomme. Nach der Einfahrt öffnen sich die Türflügel nicht gleich, ich drücke nochmals auf den grün getüpfelten Ring, der aussieht wie ein billiges Schmuckstück, und das befreiende, krampflösende Zischen ertönt.

Die Frau startet zu einem überraschend schnellen Laufschritt, ich hoffe das Beste für Buch und Mäppchen, zwei Männer zünden sich nach dem Aussteigen sofort eine Zigarette an, und der junge Mann mit den Ohrendeckeln schnippt im Takt zu einer unhörbaren Musik, die ihn beschwingt, beflügelt und antreibt, dem entgegen, was ihn in Zürich erwartet.

Die S-Bahn kann nicht aussteigen, sie wird in 24 Minuten wieder zurück aufs Land fahren.

Multikulti

Ich brauche eine neue Lesebrille, mit einer halben Dioptrie mehr als meine bisherige, und bin unterwegs zum Optiker.

An einem älteren Neubau in der Nähe des Marktplatzes ist ein Mann auf einer Bockleiter damit beschäftigt, ein Metallschild zu entfernen, indem er eine Doppelblattsäge darunterschiebt und es so von der Wand abzulösen versucht. Auf dem Schild steht »Kinderarztpraxis«. Ich bleibe stehen und frage den Mann, ob der Kinderarzt keinen Nachfolger habe. Nein, sagt der Mann, einen Nachfolger habe man nicht gefunden – Oerlikon sei wohl zu multikulti.

Er muss mein Erstaunen bemerkt haben, denn er steigt von der Leiter herunter und sagt mir, Zürich sei überhaupt extrem, auch in Albisrieden, wo er wohne, sei es schon schlimm. Wenn er sich dort in ein Café setze und sehe, dass er der einzige Schweizer sei, dann sei es für ihn gelaufen. Wir sind Fremde im eigenen Land, fährt er leise fort, indem er sein Gesicht näher zu meinem neigt. Als ich nicht gleich antworte, fügt er hinzu, aber die Schweizer sind ja selbst schuld, sie machen keine Kinder mehr – es sind die andern, welche die Kinder machen.

Und nun passiert mir etwas Eigenartiges: Ich weiß nicht, was ich sagen soll, obwohl ich das, was ich ihm sagen müsste, schon oft gesagt habe. Wer denn all unsere Häuser, Straßen und Tunnels baue, wer unsere Kanalisation entstopfe, unsere Züge reinige und unseren Abfall einsammle, wer wohl in seinem Café serviere, wer unsere Spitäler funktionsfähig erhalte und unsere Informationssysteme, wer uns beide denn nach unsern Schlaganfällen dereinst im Rollstuhl herumschieben werde und wie sinnvoll überhaupt in heutiger Zeit die Unterscheidung zwischen Menschen und Ausländern sei.

Aber diese Gedanken huschen wie Schatten durch eine Nebelwand, die in meinem Kopf aufgezogen ist, und keiner davon findet den Weg auf meine Zunge. Eigentlich wollte ich ja nur wissen, ob der Kinderarzt seine Praxis schließt und bin in eine Falle geraten. Einer hat mir seine Gefühlslage mitgeteilt, hat dazu eigens aufgehört, an einem Metallschild herumzusägen, und ich ahne, dass ich gegen diese Gefühle keine Chance habe, ich kenne sie sogar, denn auch ich sitze manchmal als einziger Einheimischer im Tram, und den Fremdling im eigenen Land, den mir der Mann zugeraunt hat, hat schon Hölderlin beschworen.

Er wisse nicht, wie ich das sehe, sagt der Mann, während er wieder auf die Leiter steigt, aber sein Werkzeug noch nicht unter das Metallschild schiebt, sondern mich herausfordernd ansieht.

Ich weiß, jetzt muss ich etwas sagen, irgendetwas, das mich aus der Falle wieder entlässt, aber so sehr ich meine Gedanken aus dem Nebel heraus ins Klare zu rufen versuche, sie irren bloß ziellos herum und stehen sich gegenseitig im Wege, und es fällt mir kein anderer Satz ein als: »Ich finde es nicht so schlimm.«

Mit dem Gefühl, soeben eine Niederlage erlitten zu haben, mache ich mich weiter auf den Weg zum Optiker, begleitet vom knirschenden Geräusch einer Säge, die zwischen Metall und Beton hin- und herfährt, um das Ende einer Kinderarztpraxis zu besiegeln.

Bremen

Am Sonntag Morgen um viertel vor acht verlasse ich mein Hotel, dessen Wände im Empfangsraum bis zur Decke vollgehängt sind mit Fotos von Schauspielern, Sängerinnen und Künstlern. Mit tiefen Blicken, entblößten Zahnreihen und dramatischen Posen werben sie um ihre Bedeutung, doch ihre Widmungen verbleichen, und ich kann niemanden von ihnen erkennen.

Von den Balkongeländern des Nachbarhauses blicken mich Krähen an, drohend und unbeweglich, sie wurden hingestellt, um den Tauben von einem Besuch abzuraten.

Ich biege in die Hauptstraße ein, die zum Bahnhof führt. Aus einem Auto wird ein anzüglicher Pfiff in meine Richtung abgesandt. Er gilt der schwarz gekleideten Frau, die mich mit schnellen Schritten überholt.

Aus einem großen Tanzschuppen, welcher Partys auf 5 Etagen verspricht, dringt zwischen drei Security-Männern in grünen Uniformen Discomusik aus dem Eingang, junge Menschen mit wässerigen Augen und fahrigen Bewegungen verlassen die Amüsierburg, abgetanzt, durchgefeiert, weichgetrunken.

Eine beachtliche Taxischlange lauert am Straßenrand, um die Menschen zu verschlucken, die ihres Ganges nicht mehr mächtig sind.

Flaschensplitter knirschen unter den Schuhsohlen, fremdsprachige Zurufe aus einem Imbisslokal fallen zu Boden und bleiben zwischen den Wurstpapieren und den Papptellern mit den Senfresten liegen. Vorsichtig ziehe ich meinen Rollkoffer an schwankenden Gestalten vorbei, die mit höchster Konzentration einem unbekannten Ziel zustreben. Aus einer Seitenstraße kommen zwei Frauen mit erschreckend hohen Absätzen, begleitet von einem Mann, ausgelassen alle drei, aber sie warten, als die Ampel rot zeigt, während ich ungerührt die leere Fahrbahn überquere.

Neben dem Erotik-Shop picken drei Tauben an den Pizzaresten, die auf einem großflächigen Karton liegen, hastig und gierig, in ständiger Erwartung feindlicher Krähen.

Die Uhr vor der großen Straßenbahnhaltestelle ist erschöpft stehen geblieben, auf zwanzig vor eins, aber die Uhr über dem Portal des großen Abfahrtspalastes zeigt glaubwürdig fünf vor acht, es bleibt mir noch Zeit genug, um für die weite Heimfahrt eine Zeitung zu kaufen, für deren Lektüre man über zwei Sitze verfügen muss.

Eine Stadt

Vor dem Gorki-Theater macht ein ungarischer Theatermann in einer Performance mit Schauspielern und Musikern auf den bedrohlichen Nationalismus aufmerksam, der sein Land in letzter Zeit heimsucht.

Die große Straße »Unter den Linden« ist eine einzige Baustelle; einem U-Bahnschacht, der dort gegraben wird, soll sich ein gigantischer Granitblock in den Weg gestellt haben.

In einem Kastanienhain verborgen steht eine Art Tempel, früher war er eine Wache, heute ist er ein Mahnmal für die Gefallenen der Weltkriege. Ein großer leerer Raum, darin einzig die Skulptur einer Frau, die einen toten Soldaten in den Armen hält.

Weiter gehend, gelange ich zu einer Reihe von Säulen, welche Bilder von Künstlern und Intellektuellen zeigen, die in der Nazizeit vertrieben oder ermordet wurden. Auf der andern Straßenseite steht ein riesiger Bauzaun, hinter dem für eine halbe Milliarde das alte Schloss wieder aufgebaut werden soll. Auf der Fassade eines futuristischen Gebäudes läuft eine Werbung für Coca Cola »Trink 'ne Coke mit Christelotte«. Jede Minute wird ein anderer Name eingeblendet, als nächster lädt Franco ein, danach Izzy.

Gegenüber füllt sich die große Wiese zwischen dem Antiken-Museum und dem Dom langsam mit Leuten, die sämtlich in Weiß gekleidet sind. Sie stellen Tische auf, Stühle und Bänke, alle weiß überzogen, legen erlesene Speisen auf weiße Teller, ziehen aus weißen Styroporbehältern große Sekt- und Weißweinflaschen hervor und beginnen ein Déjeuner sur l'herbe. So viel Weiß ergibt ein Übermaß an Beschwingtheit, das etwas Unwirkliches hat. Ein »dîner en blanc« sei das, sagt mir einer, den ich frage, den Versammlungsort erfahre man erst zwei Tage zuvor im Internet und gebe ihn dann an Freunde weiter.

Während mit Hunderten von Gläsern auf die gelungene Selbstdarstellung angestoßen wird, findet im Dom ein Benefizkonzert für die Opfer der Überschwemmungen statt, welche nahe bei der Stadt immer noch ganze Landstriche heimsuchen.

Dahinter hupen die Ausflugsschiffe der abendlichen Flussfahrten, und in den Restaurants am Ufer servieren arabische Kellner italienische Pizzas und Teigwaren.

In einer Stadt, einer richtigen Stadt, werden Glück und Unglück, Leben und Tod, Vergangenheit, Gegenwart und Zukunft so stark zusammengepresst, dass sie jederzeit explodieren könnte.

ul. Very Chorushej 25/3

Um halb eins werde ich im Goethe-Institut Minsk zum Mittagessen erwartet, zusammen mit anderen Mitwirkenden der Tagung für belarussische Deutschlehrerinnen und -lehrer.

Um halb elf breche ich vom Hotel aus auf, weil ich die Einladung mit einem Bummel durch die Stadt verbinden will.

Ein großer Parkgürtel säumt einen künstlichen See. Junge Menschen rechen kleine Äste, Laubreste und Papierchen zusammen; die Häufchen, die so den Weg säumen, sehen aus wie Maulwurfshügel und werden später von einem kleinen Straßenputzgefährt aufgenommen. Der Gewinn: eine unglaublich saubere Stadt, kaum Arbeitslose. Der Preis: Missmutige Gesichter – wessen Traumberuf ist schon Parkrecher?

Auf einer künstlichen Insel im künstlichen See gibt es eine Gedenkstätte für gefallene Soldaten. Die erste Luftbrigade, deren Fallschirmspringer in Afghanistan landen mussten, stammte aus Weißrussland, und fast alle Soldaten seien bei ihrem Einsatz getötet worden, hat uns eine Deutschlehrerin gesagt. Eine kleine, schlanke, hohe Kapelle, deren Säulen schwarze Statuen von Frauen sind, die um Söhne, Brüder und Männer trauern. Ich setze mich ans Ufer und zeichne die Kapelle ab, auch die Blumenkränze, die auf dem Bord davor niedergelegt sind.

Ein Brautpaar geht über die gewölbte Brücke zur Insel, an der Kapelle vorbei, zur Skulptur eines neckischen Engels oder

Cupidos. Die Braut greift diesem zwischen die Beine an sein Geschlecht und lässt sich dabei zum ausgelassenen Gelächter der Hochzeitsgesellschaft fotografieren. Ein Brauch sei das, habe ich gehört, der den Wunsch nach Fruchtbarkeit symbolisiere. Die Nähe des Frivolen zum Tragischen irritiert mich. Oder gilt es, die toten jungen Soldaten zu ersetzen? Später erzählt mir ein Musiker, es sei in ganz Russland üblich, bei der Hochzeit zu einem Kriegsdenkmal zu gehen.

Zwischen einer gewaltigen, neu gebauten Häuserburg und einem kleinen Stück Altstadt gehe ich zum Opernhaus hinauf. Ein Blick auf den Spielplan zeigt: Gestern Rigoletto, heute Sinfoniekonzert. Es geht gegen zwölf, es beginnt zu tröpfeln. Ich konnte die Adresse auf dem Stadtplan nicht wirklich orten, ich weiß nur die ungefähre Richtung. Ein wartender Taxifahrer auf dem Platz davor lehnt mich als Fahrgast ab, ich ziehe den Prospekt mit Goethes Adresse hervor, lese ihm die Straße vor, er korrigiert mein Chorushej in Karushaja, deutet mit dem Arm am Opernhaus vorbei, und ich mache mich auf den Weg.

Als längere Zeit keine Querstraße den erwarteten Namen trägt, frage ich einen alten Mann, der lange nachdenkt und dann den Kopf schüttelt, und auch ein Paar, das mir auf einem Fußgängerstreifen entgegenkommt, kann meine Frage weder verstehen noch beantworten.

Aus dem Tröpfeln wird ein Tropfen, aus dem Tropfen wird ein Regen, der nun immer dichter und heftiger fällt. Ich hätte doch einen Schirm ins Gepäck nehmen sollen, statt nur an meine gesammelten Werke zu denken. Als ich die lange Mauer eines Fabrik- oder Lagergebäudes passiere, auf dem ich die Aufschrift »Produkti« lesen kann, suche ich ungenügenden Schutz unter einer hochgelegenen Dachtraufe, ziehe den Prospekt des Instituts hervor, dessen Papier sofort durchnässt und zusammengepappt wird, und rufe auf meinem Handy die angegebene Telefonnummer an. Der weiblichen Stimme versuche ich zu erklären, wo ich bin, die Straße muss Kjubischewa oder so ähnlich heißen, der Verkehr ist so laut, dass ich brüllen muss, die Stimme am andern Ende spricht so leise, dass ich sie nicht verstehen kann. Als der Niederschlag zum Platzregen wird, beende ich das Gespräch; alle meine Versuche, fahrende Taxis anzuhalten, scheitern, ich stehe ratlos vor der Produkti-Mauer und frage mich nach dem Sinn des Lebens: »Was tust du hier? Warum bist du nicht zu Hause? Hast du das nötig? In deinem Alter?«

Für Antworten ist jetzt nicht der Moment, ich bin dazu verurteilt, die Fährte wieder aufzunehmen, werde an einer Bushaltestelle von einer mitfühlenden Frau ermuntert, auf der schwer aussprechbaren Straße weiterzugehen, und als ich an der nächsten Kreuzung wieder die Karushaja-Frage stelle, donnert mir ein Grauhaariger ein einsilbiges Wort entgegen, das nur »hier!« heißen kann.

Ich bin bei der Nummer 10 und trotte, durch den uneinholbaren Rückstand gleichmütig geworden, in die Richtung der höheren Nummern weiter, warte ständig auf das erlösende Signet des Instituts, nehme den Prospekt nicht mehr heraus und betrete die 29, fahre mit dem Lift in den 4. Stock, frage einen Büromenschen im Korridor nach Goethe, von dem hat er noch nie gehört, dritter Stock, kommt mir in den Sinn, also eins hinunter, leere Gänge, geschlossene Türen, nun ziehe ich den Prospekt doch nochmals hervor, erkenne meinen Irrtum, verlasse das Haus, beschleunige meine Schritte mit wachsendem Unmut, die 25 erweist sich als langgezogenes Gebäude, ein Komplex geradezu, ohne erkennbaren Haupteingang, ich betrete der Reihe nach einen Kleiderladen, ein Schuhgeschäft, einen Brillenladen und ein Amt, bis klar wird, dass der Eingang in der nächsten Seitenstraße liegt.

Als ich vor dem Lift stehe, springt eine Mitarbeiterin aus dem Restaurant im Parterre heraus und fängt mich ab, man gab mich schon auf, hielt mich für verschollen und empfängt mich wie einen verlorenen Sohn. Alle sitzen bereits beim Hauptgang, aber die Vorspeise hat auf mich gewartet, rasch hänge ich den tropfnassen Regenmantel und den feuchten Rucksack an die Garderobe und mache mich über meinen Salat her.

Very Chorushej, erfahre ich auf meine Nachfrage, ist ein Genitiv, den man an ulica, die Straße, anhängt, also die Straße der Vera Chorushej oder Karushaja, und wie immer ihr Name ausgesprochen wird, Vera, bei der sich Goethe eingenistet hat, war eine Partisanin.

Sandland

Die Wüste ist allgegenwärtig in den Vereinigten Arabischen Emiraten. Sie beginnt gleich neben der Autobahn, sie beginnt gleich hinter den Hochhäusern, sie beginnt gleich hinter den Einfamilienhaussiedlungen mit Gartenplatz und Swimming Pool.

Wie, frage ich mich, wird ein Gebäude wie der Burj Dubai, mit über 800 Metern der höchste Turm der Welt, in diesem Boden verankert, so dass er auch bei Sandstürmen nicht ins Wanken kommt? Die Antwort gibt mir ein Schweizer Ingenieur: »Swissboring«. Wir sind also schon da. Trotzdem möchte ich nicht in einem Büro auf 500 Metern Höhe arbeiten.

Die Bautätigkeit zwischen Dubai und Abu Dhabi ist erstaunlich, mehr als das, sie ist ungeheuerlich. »We add 70 km Coastline« verspricht ein riesiges Plakat auf der Wand einer Baustelle, und ein zweites doppelt nach »Twice the Size of Hongkong«. Diese Vergleiche sind wichtig. Man will verglichen werden hier, denn das zeigt: Man ist ganz oben auf den Weltcharts. Als ich das gebuchte Hotel in Dubai anrufe und frage, wo genau es sich befinde, sagt mir die Rezeptionistin, gleich hinter der Dubai Mall. Sie wundert sich, dass mir das nichts sagt, denn »it's the biggest shopping center of the world«.

Das Hotel mit dem vielsagenden Namen Atlantis, auf der künstlich ins Meer gebauten Insel mit dem Grundriss eines Palmenbaums, sei das teuerste Hotel der Welt, das Feuerwerk zur Eröffnung im letzten Jahr habe viermal so viel gekostet wie das Feuerwerk zur Eröffnung der Olympischen Spiele in Peking. Im Soussol des Hotels stehe ich vor dem größten Aquarium, das ich je gesehen habe. Am Grund ist eine versunkene Stadt nachgebaut, durch welche Schwärme von Fischen ziehen, Rochen schwingen langsam ihre Flügelflossen, und gelassen zieht ein Haifisch seine Runden, von zwei langen, schmalen Seehechten wie von Bodyguards eskortiert. Die Skyline von Dubai, welche derjenigen von Chicago oder New York gleicht, ist allerdings in den Meeresruinen nicht zu erkennen, so weit geht die Metapher nicht.

Als Tourist ist man gewohnt, immer zuerst das Alte gezeigt zu bekommen. Hier ist das Sehenswerte das Neue.

Was ist das für ein rätselhafter Riesentubus, der schräg aus der »Mall of the Emirates« in den Himmel ragt? Ein Gang ins Einkaufszentrum macht klar: Hier werden die Alpen nachgestellt, kurz »Ski Dubai«. Eine Piste mit künstlichem Schnee, daneben ein Sessellift mit Vierersitzen, eine Rodelbahn, die einer Bobbahn nachempfunden ist, künstliche Tännchen, mit Schnee bedeckt, auch die Talstation des Sessellifts manierlich verschneit, Skifahrer flitzen die Piste hinunter, und verhüllte Frauen mit ihren Kindern die Rodelbahn, man kann alle Ausrüstungsgegenstände mieten, man kann sogar Stunden nehmen, und das Publikum kann bei Kaffee und Kuchen durch die Scheiben dieses Gebirgsaquariums zuschauen, in dem die Temperatur konstant auf −4° gehalten wird. Dem ist hinzuzufügen, dass es hier im Sommer bis zu 50° warm wird. Das Zuschauerlokal trägt übrigens den Namen »Café St. Moritz«. Da sind wir wieder, zusammen mit Nestlé, Hugo Boss, Louis Vuitton, Starbucks, MacDonald's und dem Rest der Welt.

Roger Federer, angereist für das Tennisturnier Dubai, kann

wegen Rückenschmerzen nicht spielen, macht aber im Hotel »Royal Mirage« eine Präsentation von Jura-Haushaltmaschinen.

Der Lebensmittelgroßverteiler, der es wirklich geschafft hat, ist »Carrefour«. In seinen gigantischen Läden sind die Produkte auch auf Regalen gestapelt, die für die Kundschaft gar nicht mehr erreichbar sind, eine dreistöckige Coca-Cola-Bastion unter der Decke erinnert an Andy Warhol, ihre Botschaft: Hier gibt es alles im Überfluss. Vor der Kasse, an welcher ich meinen Arabisch-Dictionnaire und die Volksmusik-Kassetten bezahle, schaut mich die gesamte Ricola-Kollektion an. Ich nehme ein Päckchen mit Holundergeschmack.

Ich kann mir nicht recht vorstellen, wer in all den Hochhäusern, Villen und Beachresorts wohnt, wer in all den Büros arbeitet, die sich hier unablässig vermehren, wer all die Hotelsuiten der Superklasse, vom Hilton an aufwärts belegt.

Die Einheimischen machen nur etwa 15 % der Bevölkerung aus.

Und für diese 15 % arbeiten Hunderttausende von Philippinos, Indern, Pakistanern und Arabern aus anderen Ländern. Sie wohnen in Labour Camps, wohlgetrennt von der wohlhabenden Einwohnerschaft. Der katholische Bischof in Abu Dhabi etwa, ein Thurgauer, darf dort keine Messe lesen. Manchmal sieht man im Vorbeifahren 30, 40 Bauarbeiter in blauen Overalls auf einen Bus warten oder im Schatten dichtgedrängt nebeneinander ihre Pause verbringen. Ihre Rechte sind, wie »Amnesty International« rügt, ungenügend, ihre Löhne tief, aber für die meisten wohl höher als die zu Hause. Die »Western Union« – und »Money Express«-Schalter für Geldüberweisungen ins Ausland sind in den ganzen Emiraten nicht zu übersehen. Gut bezahlt seien die Bauarbeiter in 600 Metern Höhe über dem Boden, höre ich, einem, der eine besonders heikle

Arbeit fertiggebracht habe, habe man als Prämie sogar eine Wohnung im Burj Dubai Turm geschenkt.

Ein bisschen bekannt kommt mir diese Situation vor. Kürzlich konnte ich die NEAT-Baustelle in Sedrun besuchen. Gebaut wird der neue Schweizer Gotthardeisenbahntunnel, wie der alte seinerzeit auch, hauptsächlich von Ausländern.

Und wie bei uns wohnen auch hier viele Reiche aus allen Teilen der Welt. Im Moment allerdings hat mit der Finanzkrise ein schleichender Exodus angefangen. Manche verlassen das Land und lassen ihren geleasten Wagen einfach am Flughafen stehen, ohne sich abzumelden. Man erzählt mir, dass die Autofirmen in letzter Zeit in den Parkings etwa 3000 geleaste Wagen einsammeln mussten, deren Besitzer auf Nimmerwiedersehen verschwunden sind.

Der Anlass der Reise: mein Kinderbuch »Der Urwaldschreibtisch« wurde auf Arabisch übersetzt, es gab eine Buchpräsentation, und es gab Lesungen im Goethe-Institut Abu Dhabi und in den Deutschen Schulen von Abu Dhabi und Sharjah, bei denen ich aus meinem Gesamtwerk vorlas. In einer Schule für Behinderte habe ich den »Urwaldschreibtisch« auf Englisch erzählt, in basic English, wie ich ermahnt wurde.

Am Ende der Goethe-Institut-Lesung in Abu Dhabi – wir waren schon zur Diskussion übergegangen – ging die Tür auf, ein Mann im Beduinenmantel trat ein und setzte sich ins Publikum. Drei Minuten später öffnete sich die Tür nochmals, und zwei weitere Wüstensöhne erschienen und setzten sich auf die letzten zwei freien Plätze in der vordersten Reihe.

Sie waren, sagten sie mir später am Abend, aus Al Ain angereist, einer Oasenstadt an der Grenze zu Oman. Alle hatten ein Jahr in Deutschland verbracht, um Deutsch zu lernen, und sie hätten am Büchertisch gern den »Urwaldschreibtisch« auf Arabisch gekauft, der aber erst am Tag danach ausgeliefert wurde. Da ich nachher mit meiner Frau eine Reise nach Oman anhängen wollte, versprach ich ihnen, die Bücher nach Al Ain zu bringen.

Es wurden zwei denkwürdige Tage. Die drei verbrachten den Freitagabend und den ganzen Samstag nur damit, uns in der Stadt und der Umgebung herumzuführen, sie fuhren uns auf den höchsten Berg Abu Dhabis, den Djebel Hafeet, der sich hinter der Stadt erhebt, sie zeigten uns bei der Talfahrt die Stelle, an welcher der Wagen auch im Leerlauf stehen bleibt, weil dort der Berg magnetisch ist, sie bestanden darauf, mir ein Beduinenkopftuch zu kaufen, sie luden uns in Restaurants ein, in denen man auf dem Boden sitzt und mit den Händen isst, ich lernte, wie man Reis mit den Fingern zu einem Ball knetet, dann den Daumen darunterschiebt und den Ball in den Mund schiebt, das heißt ich lernte es nicht wirklich, dafür waren die Reisabfälle an meinem Platz zu beträchtlich.

Sie besuchten mit uns ein Training für Kamelrennen. Neben der schnurgeraden, sandigen, abgezäunten Rennstrecke, auf welche die Kamele geschickt werden, fahren die Kamelhalter auf ebenso schnurgeraden Asphaltpisten nebenher, beobachten ihre Tiere, feuern sie an, filmen sie, und wenn es in die Schlussphase geht, lassen sie mit ihrer Fernsteuerung den kleinen Roboter auf ihrem Rücken seine Peitsche auf das Kamel klatschen. Bis vor kurzem wurden die Kamele von Buben geritten, die man auf den Tieren festband; das ist heute verboten, nicht zuletzt auf Druck von Menschenrechtsorganisationen, und ein Schweizer Ingenieur entwickelte einen kleinen Roboterjockey, der nun allgemeine Verwendung findet. Die Prämien für Siegerkamele liegen in Millionenhöhe, in Millionenhöhe liegen folglich auch die Preise für gute Rennkamele.

Einer unserer drei Gastgeber ist mit einem Kamelzüchter befreundet, der uns seine Tiere zeigt, die alle speziell zusammengestelltes Futter bekommen, viel Milch ist darunter, wie der Abfallhaufen voll Tetrapackungen zeigt, frisches Grünfutter und auch eine Dattelpaste. Meine Frage, von wem denn diese Rennen gesponsert werden (Carrefour? Nestlé? Bank of the Emirates?), erhält eine einfache Antwort: vom Scheich. Der Landesvater ist der Ansicht, die Kamele sollen, obwohl ihrer ursprünglichen Funktion als Lasttiere weitgehend enthoben, nicht aus dem Bild des Landes verschwinden, deshalb fördert er diese Rennen.

Und nicht nur das: Bildung und Gesundheitswesen sind für seine Untertanen gratis, und wer ein Haus kauft, bekommt vom Scheich einen Viertel des Kaufpreises geschenkt. Den Rest kann er zu einem minimalen Zins als Hypothek aufnehmen. Und Steuern muss man keine bezahlen. Kein Wunder, ist der Scheich beliebt und wird die Monarchie nicht in Frage gestellt. Allerdings habe er kürzlich mit der Aufforderung, die Frauen sollen vermehrt beruflich arbeiten, für Aufruhr in vielen Familien gesorgt.

In den Emiraten gibt es keine offiziellen Bekleidungsvorschriften für Frauen. Aber viele von ihnen gehen verschleiert durch die Einkaufszentren, an Schaufenstern mit frecher Unterwäsche vorbei. Ob seine Frau auch verschleiert nach draußen gehe, frage ich einen unserer Freunde. Natürlich, sagt er. Warum, frage ich, und er antwortet mit einem Sprichwort: Der wahre Schmuck ist der verborgene.

An einem See, der von einer heißen Quelle gespiesen wird, finden wir zu unserer Überraschung ein Schweizer Wort: Die Bungalows, die darum herum gebaut wurden und die man mieten oder kaufen kann, werden als »Chalets« angepriesen.

Ob es denn genügend Wasser gebe in der Oase, frage ich, für all die neuen Häuser und Hotels und Shopping Centers, die auch hier hochgezogen werden. Trinkwasser ja, aber das Wasser für Spülen, Waschen, Bewässern kommt über eine Pipeline aus einer großen Meerentsalzungsanlage aus Fujairah, etwa 170 Kilometer entfernt. Bewässerungsschläuche ziehen sich wie eine schwarze Sicherheitslinie entlang der ganzen Autobahn und tränken die Palmen, die alle paar Meter Schatten und Anmut verbreiten.

Die Epoche des Machbaren ist hier noch in Blüte.

Auf einer Insel vor Abu Dhabi soll ein Kulturzentrum entstehen, eine Dépendance des Guggenheim Museums ist geplant, ebenso eine des Louvres, ein Opern- und Konzerthaus mit 2500 Plätzen, und ein großes Nationalmuseum, alles an einer Küste, die heute vor allem von Schildkröten bewohnt ist. Im »Emirate Palace Hotel«, einem prunkvollen Gebäude aus 1001er Nacht, sind die Projekte zu besichtigen, vier Architekten von Weltformat haben die Ausschreibungen gewonnen, darunter Jean Nouvel und die Irakerin Zaha Hadid. Der Name der Insel: Saadiyat Island, Insel des Glücks.

Jetzt schlagen die Wellen der Weltfinanzkrise allerdings auch an die Glücksküsten der Golfstaaten, und ob das ganze Projekt wirklich realisiert wird, ist etwas ungewiss geworden.

Gut für die Schildkröten.

Den Sand kümmert's wenig. Er wird seinen Platz behaupten.

Sieben Tage Teheran

Die Internationale Buchmesse findet in einer Moschee statt.

Die Stände mit religiöser Literatur sind um ein Mehrfaches größer als die mit Belletristik, sie sind in den prächtigen Seitenschiffen, aber niemand geht hin. Die Leute strömen zu den weltlichen Ständen.

Der Muezzin dröhnt aus Lautsprechern durch die Hallen und ruft so laut zum Mittagsgebet, dass man die Stimme anheben muss, wenn man mit jemandem spricht.

Das Zelt mit den internationalen Verlagen steht ganz am Rand des Moscheegeländes.

Vier meiner Bücher sind auf Persisch übersetzt, und mit Ali Abdollahi, dem Übersetzer meiner »Wegwerfgeschichten«, habe ich eine erste Lesung auf der Buchmesse.

Ich komme aus Mashdad, sagt eine Schauspielerin nach meiner Lesung.

Wir sind Armenier, sagt mir eine Frau, die für ihre beiden Töchter um ein Autogramm bittet, mir scheint, mit verhaltener Stimme.

Viele kommen von weither zur Buchmesse, um sich für ein Jahr mit Büchern zu versorgen, die sie in der Provinz nicht bekommen. Die Zahl der Verlage und der Bücher ist erstaunlich, auch die Zahl der Übersetzungen, von Hemingway bis Kafka, von Max Frisch bis Gabriel García Márquez.

Wer hier ausstellen will, braucht eine staatliche Erlaubnis.

Der Cheschmeh Verlag, einer der renommiertesten, erhielt vor drei Jahren ein zweijähriges Messeverbot, weil er ein Projekt mit einem Buch hatte, das der Regierung nicht genehm war. Dieses Jahr hätte er wieder ausstellen dürfen, aber aus Protest lehnte er ab.

In den Übersetzungen fällt alles, was mit Sex, Alkohol oder Gott zu tun hat, weg. Wenn in einem übersetzten Buch steht »sie tranken ein Getränk«, wissen alle, dass es sich um etwas Alkoholisches handelt. Allerdings führt das auch dazu, dass man, wenn sich zwei in einem Café treffen und eine ganz normale Cola trinken, vermutet, es müsse Bier oder Wein sein.

Niemand von den Leuten, die ich treffe, Autoren, Übersetzer, Verleger, Journalisten, glaubt, dass sich das unter der neuen Regierung ändern wird. Diese sei, höre ich übereinstimmend, nur an einer außenpolitischen Korrektur interessiert, wegen der Sanktionen.

Konkret sieht das so aus: Vor dem Haupteingang der Universität Teheran sind eine amerikanische, eine israelische und eine englische Flagge in den Boden eingelassen, so dass man sie zwangsläufig mit Füßen tritt, wenn man das Gebäude betritt. Kürzlich wurde der Haupteingang geschlossen, und ein Pfeil weist einen zum Nebeneingang. Man tritt also nicht mehr auf den Feind, aber die Flaggen sind noch da. Der Haupteingang kann jederzeit wieder geöffnet werden.

Auch ein riesiges Mauergemälde, auf dem Bomben aus den Streifen des amerikanischen Wappens fallen, mit der Aufschrift »Down with the USA!« wurde nicht überstrichen.

Der Pessimismus ist groß.

Eine Iranerin, die in der Schweiz aufwuchs und seit zwei Jahren wieder hier lebt, erzählt allerdings, dass eine Satiresendung am Radio, die unter Ahmadinedjad gestrichen wurde, jetzt wieder im Programm ist, wenn auch mit andern Satirikern.

Mahmoud Doulatabadi vergleicht das System mit dem Teppich unter seinen Füßen. Man könne nicht einfach ein Stück daraus ausschneiden. Er ist einer der großen iranischen Autoren, alle sprechen mit Respekt von ihm. Ein Übersetzer fragt mich, ob ich auch etwas von Teheran gesehen habe, und ich antworte, ich sei mehr mit Menschen zusammengekommen als mit Sehenswürdigkeiten, erzähle von meinem Besuch bei Doulatabadi und sage, das sei für mich mindestens so schön wie eine Moschee, und er ruft aus: »Er IST eine Moschee!«

Er wird auf Deutsch im Zürcher Unionsverlag publiziert, der mir auch seine Adresse gab. Als ich ihm sage, die Stelle in seinem Roman »Der Colonel«, in welcher der Folterer während der Revolution beim Gefolterten Schutz sucht und auch bekommt, sei eine verrückte Situation, sagt er, ja, und wenn er dies nicht geschrieben hätte, wäre er verrückt geworden.

Er trägt eine Vergangenheit mit sich herum, war zwei Jahre im Gefängnis, was, wie er sagt, eine große Erfahrung für ihn gewesen sei; sein »Colonel« darf im Iran nicht gedruckt werden, die deutsche Übersetzung wurde sogar vom Regal seines Verlags an der Buchmesse entfernt. Später kommt er zu einer Lesung, die ich mit David Wagner und Sabine Gruber in einer großen Buchhandlung habe, er kommt zu spät, der Moderator unterbricht die Lesung und begrüßt ihn, die Leute stehen auf und empfangen ihn mit einem warmherzigen Applaus.

Ein Journalist kann nicht verstehen, warum in meiner Fabel, in der sich ein Pressluftbohrer und ein Ei streiten, wer von beiden der Stärkere sei, der Pressluftbohrer gewinnt. Es sei wie im Leben, sage ich, auch wenn wir hoffen, der Schwächere gewinne, gewinne fast immer der Stärkere. Als der Journalist verständnislos den Kopf schüttelt, füge ich hinzu, aber natürlich hoffe ich selbst auch, dass das Ei gewinne, da ballt er die Faust und sagt leidenschaftlich ja, ja, ja!

Ein Hauptanliegen der Leute, welche eine Lesung besuchen, ist es nicht, Fragen zu stellen, sondern ein Foto mit sich und den Autoren zu knipsen.

Im Institut für Persische Sprache wird vor der Lesung die persische Nationalhymne gespielt, dazu erscheinen auf der Leinwand iranische Landschaften, sanft überblendet von einer flatternden Fahne des Landes, und kaum haben sich alle wieder gesetzt, erklingt »Trittst im Morgenrot daher«, alle stehen wieder auf, während vorne das Berner Oberland zu sehen ist, vor dem eine Schweizerfahne weht. Ich komme mir vor wie ein Fußballspieler und erfahre auf diesem Wege, dass ich, ob ich das will oder nicht, Botschafter meines Landes bin.

Die Nationalbibliothek ist ein stolzer Prunkbau auf einem Hügel. Der Prospekt über sie beginnt mit der Überschrift IN THE NAME OF GOD, und überall hängen Portraits der Mullahs, die genau Bescheid wissen über den Namen Gottes. Die Pulte, an denen man sich auf Computern informieren kann, sind in eine Männerreihe und eine Frauenreihe aufgeteilt. Die Männer sind mit »Brüder« angeschrieben, die Frauen mit »Schwestern«. So heißt das seit der Revolution; es gibt deutlich mehr Schwestern als Brüder, auch in den Lesesälen. In der Kantine sind die Männer in der Überzahl.

Viele schwarz gekleidete Frauen, alle mit Kopftüchern oder Schleiern oder mit dem nonnenhaften Ganzkörperanzug. Auf dem Bazar allerdings sieht man verschiedenste Auslagen mit Slips und Büstenhaltern von Pink bis Knallgelb, wahrscheinlich findet unter all den schwarzen Gewändern eine Farbexplosion statt. Zu Hause können die Frauen ihre Haare zeigen, aber sobald sie das Haus verlassen, tarnen sie sich, als beträten sie Feindesland.

Im Bus sitzen die Frauen hinten, die Männer vorn. Das Billett wird am Schluss der Fahrt bezahlt, die Frauen steigen in der Mitte aus, gehen außen am Bus entlang zum Chauffeur, um ihre Fahrt zu begleichen. Zwei Schweizer Iranerinnen, die uns begleiten, setzen sich mit mir in die vordere Hälfte, meine Frau auch, worauf ihr Gegenüber sofort aufsteht und einen andern Platz sucht. Ich denke an Rosa Parks, die in Alabama einen Platz im weißen Abteil eines Busses nicht freigab.

Ein Witz aus der Ahmadinedjad-Zeit: Warum hat Ahmadinedjad einen Scheitel? – Um die männlichen Läuse von den weiblichen zu trennen.

Es ist zwar durchaus üblich, dass sich Männer bei der Begrüßung küssen, aber es ist nicht sittsam, dass sie den Frauen zum Gruß die Hand geben, ein Leiter einer Institution kreuzt sogar die Arme über der Brust, um sich vor einem Händedruck meiner Frau zu schützen.

Und der Tanz ist verboten, wie zu Zwinglis Zeiten in Zürich.

Dabei treffen wir auf fröhliche, lebendige, interessierte, gastfreundliche, hilfsbereite Menschen, auf eine wunderbare Küche, die bis in die kleinste Imbissbude wirkt (oh, und der Granatapfelsaft!), und als wir oberhalb Tehrans auf eine kleine Wanderung mitgenommen werden, sind wir unter ganzen Gruppen von Wanderfreunden, die mit Teleskopstöcken, Bergschuhen, Wanderhosen und Rucksäcken unterwegs sind, mit ausdauerndem Ernst die einen, mit ausgelassener Picknickfreude die andern, als wären wir auf dem Rigi oder dem Brienzer Rothorn.

Man richtet sich ein. Mit Revolutionen hat man hier keine guten Erfahrungen gemacht, die letzte, als »grüne Revolution« bekannt, wurde 2009 erstickt. Wenn er wählen könne zwischen Diktatur und Bürgerkrieg, dann wähle er lieber die Diktatur, in der er abends nach Hause gehen könne, ohne von einer Granate getroffen zu werden, sagt mir einer, den sie wegen seiner Äußerungen als Professor aus der Uni rausgeschmissen haben. Was für eine Wahl, Bürgerkrieg oder Diktatur. Gibt es nichts dazwischen?

So viele Junge, die von ein paar versteinerten Alten regiert werden.

Im Haus der Künstler, wo wir eine Graphik-Ausstellung ansehen, sind meine Frau und ich mit Abstand die Ältesten, während wir uns in Schweizer Museen eher unter unseresgleichen bewegen. Man spricht von 70 % der Bevölkerung, die unter 30 sind.

Die längste Straße Teherans hieß früher Mossadegh-Straße, nach dem Ministerpräsidenten, der an der Uni Neuchâtel doktorierte und einen Schweizer Pass bekam, der dann in den fünfziger Jahren die große englische Ölgesellschaft verstaatlichte und mit Hilfe des amerikanischen CIA gestürzt wurde. Heute heißt sie Vali Asr-Straße. Mit Vali Asr ist der zwölfte Imam gemeint, der vor Hunderten von Jahren auf rätselhafte Weise verschwand, und auf dessen Wiederkunft die Schiiten bis heute warten. Wenn er kommt, soll er einem trockenen Brunnen entsteigen.

Wann, ist ungewiss.

Fern im Osten

Auf der 5000er-Note von Myanmar ist ein weißer Elefant mit einer orangen Schabracke zu sehen. Jedes zweite T-Shirt, das an den Ständen vor den Pagoden angeboten wird, ist mit Elefanten geschmückt, Pluderhosen, Halstücher, Blusen, alles voll Elefanten. Eine Verkäuferin zeigt uns Kissenüberzüge und kommentiert die verschiedenen Muster: »Elephant – not elephant.« Ich habe in den vierzehn Tagen in Südostasien nie einen Elefanten gesehen. Einen Tiger hingegen habe ich gesehen. Er wurde in einem vergitterten Lastwagen durch Mandalay gefahren, zusammen mit einem Löwen und einem Bären, um für einen Zirkus Werbung zu machen.

In jeder Pagode gibt es eine Ecke mit den Wochentagen. Beim Wochentag, an dem man geboren ist, legt man etwas hin, eine Blume vielleicht, oder man gießt der dazugehörigen Buddhastatue fünf Becher Wasser über die Schulter. Jedem Wochentag wird ein Tier zugeordnet. Ich bin an einem Montag geboren, und das Tier des Montags ist der Tiger. Da ich keine Blume dabeihabe, benetze ich Buddha mit Wasser und hoffe, auch der Tiger kriege etwas davon ab.

Der vorletzte König Burmas ließ eine Pagode erbauen, um die herum er auf 729 großen Marmortafeln die Lehren Buddhas einmeißeln ließ. Jeder Marmorstein ist vorne und hinten beschriftet und steht in einem eigenen kleinen Haus. Die Sprache ist Pali, eine alte Form des Indischen, die heute nicht mehr gesprochen wird. In den Klöstern müssen die Novizen lernen, Passagen daraus zu rezitieren. Man hört von Mönchen, die alle 729 Tafeln auswendig können.

Es gibt unglaublich viele Mönche hier. Sie leben von den Spenden der Menschen, die nicht Mönche geworden sind. Myanmar ist ein armes Land, aber alle Leute haben etwas übrig für diejenigen, die nur beten und dafür sorgen, dass das Tor zur geistigen Welt immer geöffnet bleibt. Das können auch Nonnen sein.

Dass die Eltern ihren Kindern am Abend Geschichten vorlesen, sei nicht üblich, sagt uns eine Burmesin, sondern sie erzählen ihnen aus dem Leben Buddhas. Ich vermute, dass den Kindern die Geschichten von Buddhas acht Feinden, die er besiegt hat, am besten gefallen.

In der großen Pagode auf dem Mandalay Hill stehen eine mächtige vergoldete Skulptur eines Froschs und eines Hasen. Buddha soll hier oben, bevor er Mensch geworden war, als Frosch und danach als Hase gelebt haben. Die Kinder sind begeistert vom Frosch und vom Hasen und versuchen sie beide zu berühren. Ein kleiner Junge in einem Mönchsgewand streichelt die Nase des Hasen innig mit seiner rechten Hand. Seine linke Hand umklammert einen Superman.

Je weiter weg die Zeit rückt, in welcher Buddha auf Erden wandelte, desto größer und goldener werden seine Statuen. Ein liegender Buddha kann bis zu 75 Meter lang werden.

Doch es gibt auch Grenzen. In Mingon, das man nach einer einstündigen Flussfahrt von Mandalay aus erreicht, sieht man die gewaltigen Fundamente einer Pagode, die unvollendet blieb. Hier wollte ein König ein monumentales Denkmal errichten für den Erleuchteten, und wohl auch ein wenig für sich selber, aber er musste seine irdische Hülle verlassen, bevor das

Bauwerk vollendet war. Vielleicht ist er heute ein Frosch oder ein Hase. Oder er ist der Adler, den ich oben auf dem Mandalay Hill gesehen habe, wie er den Berg umkreiste und sich nun mit Mäusen und Eichhörnchen durchfüttern muss.

Aber Buddha ist nicht zu erschüttern. Ob er steht oder liegt, er lächelt, und die Menschen vertrauen ihm. In den Pagoden knien sie ohne Umstände vor ihm nieder, beten still oder halblaut zu ihm, oder schreiben Wünsche auf, die sie ihm anvertrauen.

Die Welt allerdings, die Welt, in der sie leben, ist nicht so, wie sie es eigentlich sein sollte, wenn alle seinem Weg folgen würden.

Über 2000 Menschen seien in Myanmar im Gefängnis, weil sie sich kritisch geäußert oder weil sie an Demonstrationen und Protestaktionen teilgenommen haben, darunter auch viele Mönche und Bauern, sagt Lu Maw, der Hauptakteur der Varieté- und Satiretruppe »Moustache Brothers«, obwohl der vom General zum Zivilisten verwandelte Präsident, welcher die Militärdiktatur vor vier Jahren offiziell beendete, letzten Sommer verkündete, bis Ende des Jahres gebe es keine politischen Gefangenen mehr.

Lu Maws Bruder Par Par Lay war während der Diktatur wegen seiner satirischen Sketche sechs Jahre im Arbeitslager, musste bei höllischen Temperaturen in einem Steinbruch arbeiten, wurde später nochmals verhaftet und starb vor zwei Jahren. Im Programm, das die Brothers jeden Abend spielen, wird er immer wieder erwähnt, als sei er da, es hängt auch ein großes Foto von ihm mit Aung San Suu Kyi an der Wand, für welche sie aufgetreten sind, als sie unter Hausarrest stand. Er fehle ihnen sehr, sagt mir Lu Maw, ihr Programm, das jetzt eine Stunde dauert, sei manchmal bis zu zwei Stunden lang gewesen, weil Par Par Lay so gut improvisiert und so many jokes gemacht habe.

Ihr Kleintheater, in dem sie agieren und in dem alle Frauen der Artistenfamilie auch als Tänzerinnen auftreten, inklusive der vierjährigen Enkelin Lu Maws, ist eigentlich die Garage des Hauses, in dem sie alle wohnen. Hinter dem Vorhang ist nicht die Garderobe, sondern die Küche, und die Mitwirkenden ziehen oben in den Zimmern ihrer Wohnung ihre Kostüme an. Jeden Abend spielen sie vor zehn, zwanzig oder dreißig Touristen und bringen so ihren kleinen Betrieb über die Runden.

Ein Verfassungsartikel aus der Zeit der Diktatur verhindert, dass Aung San Suu Kyi, welche seit drei Jahren im Parlament sitzt, für die Präsidentschaft kandidieren darf, da sie mit einem Engländer verheiratet war. Solange das nicht möglich sei, glaubt der schnauzbärtige Komödiant, werde sich nicht viel ändern.

Ich weiß auch nicht, auf wen ich hier hoffen würde.

Gegenvorschlag

zur »Ausschaffungsinitiative« der Schweizerischen Volkspartei

Die Bundesverfassung wird wie folgt geändert:

Art. 121 Abs. 3–5 (neu)

I

3 Im Wissen darum, dass ohne sie

    a. weder Häuser, Straßen noch Tunnels gebaut würden,

    b. weder Spitäler, Alters- und Pflegeheime, Hotels und Restaurants betrieben würden,

    c. weder Abfall, Reinigung, Verkehr und Informatik bewältigt würden,

bedankt sich die Eidgenossenschaft bei allen Ausländerinnen und Ausländern, die hier arbeiten. Sie gibt ihrer Freude darüber Ausdruck, dass sie mit ihrer Tätigkeit das Leben in unserm Lande ermöglichen und heißt sie als Teilnehmer dieses Lebens willkommen.

4 Sie hofft, dass es ihnen gelingt, sich mit den hiesigen Ge-
bräuchen vertraut zu machen, ohne dass sie ihre Herkunft ver-
leugnen müssen.

5 Sollten sie straffällig werden, unterliegen sie denselben ge-
setzlichen Bestimmungen wie die Schweizer Bürgerinnen und
Bürger.

II

Übergangsbestimmungen:

Dieser Gegenvorschlag bedarf nicht der Volksabstimmung.
Er tritt für jedermann vom Moment an in Kraft, da er dessen
Richtigkeit erkannt hat.

Wer sind wir?

Nun ist schon mehr als ein Jahrzehnt des neuen Jahrtausends vorbei, und wir wissen immer noch nicht, wer wir sind.

Ruhe wollten wir doch haben, stabil wollten wir doch sein, verlässlich und unabhängig, Meister im eigenen Haus, und nun ist ein Lärm da draußen, man klopft und rüttelt dauernd an diesem Haus. Von den libyschen Schurken wundert uns das nicht, aber auch die smarten Amerikaner sind dabei und wollen Einblick in unsere Kassenbücher, und die bilateralen Nachbarn schauen fast täglich über den Zaun, meckern über unsere Hausordnung und fordern dies und jenes, Abgeltungssteuern sollen wir zahlen, mit immer schwereren Lastwagen wollen sie durch unsern Garten fahren, dabei hat letzten Herbst ein Mineur die Heilige Barbara durchs Gotthardloch gereicht, ein Österreicher zwar, aber in unserm Auftrag und mit unserm Geld.

Dieses unser Geld hat auch keine rechte Freude gemacht im ersten Jahrzehnt, haben wir doch im Glauben an seine wundersame Vermehrung etwas zu weltläufig damit gewirtschaftet, haben zu Best-Practice-Standards in Island und den USA Renditen eingekauft, die weder best noch standard, sondern worst waren, meinten auch, unsere »Absolute return fonds« kämen tatsächlich wieder zurück, aber da hat unser Frühenglisch offenbar versagt. Unsere Regierung musste bei den Großbanken zum Milliardenschaufeln antreten, um ein zweites

Swissair-Grounding zu verhindern; wer allerdings dachte, dass die Schweiz nun zur freiwirtschaftlichen Bewegung überlaufen würde oder mindestens von der UBS zur ABS, zur Alternativen Bank, die bei ihrer Gründung vor 20 Jahren mit den tiefen Zinsen lockte, die heute allgemein üblich sind, der sah sich getäuscht. Im Stellenanzeiger werden schon wieder »Investment Performance Specialists« und »Global Messaging Managers« gesucht, und die Crédit Suisse verteilt Lebkuchenherzen an ihre Kunden, »weil Sie uns am Herzen liegen«.

Und so am Herzen unserer Bank liegend, hören wir gemütlich zu, wie draußen der Euro kracht und freuen uns, dass unser Schweizer Franken dem allgemeinen Wertezerfall standhält, so sehr, dass ihn bald niemand mehr kaufen kann und die Hotelbetten leer bleiben, außer vielleicht in St. Moritz, wo die russischen Oligarchen die Hotelsuiten füllen, welche noch nicht in Zweitwohnungen verwandelt wurden, und sich dank der kyrillischen Weltformat-Plakate der Banken wie zu Hause fühlen. Ich kann nicht lesen, was darauf steht, aber ich vermute so etwas wie »weil Sie uns am Herzen liegen.«

Die ausländischen Angestellten, welche die Touristenverarbeitung hierzulande überhaupt ermöglichen, wissen seit der Abstimmung über die Ausschaffung krimineller Ausländer auch, wie sie sich zu benehmen haben, wenn sie nicht rausfliegen wollen. Swissness ist nicht gratis zu haben.

Das weiß auch die Schweizerische Volkspartei, kurz SVP, und lässt am richtigen Ort gern einmal ein paar Millionen für eine Kampagne springen. Der Grafiker, der ihr dazu für Plakate und Inserate seit Jahren all die Sonnen, Schäfchen, Minarette und Ivan's liefert, ist übrigens Deutscher. Er wohnt seit 25 Jahren hier und möchte dasselbe wie seine Auftraggeber, nämlich dass die Schweiz so bleibt, wie sie einmal war. Damit der neue Verfassungsartikel über die Wegweisung von ausländischen Straftätern auch in ein praktikables Gesetz umgewandelt werden kann, hat der Bundesrat, unsere Landesregierung also, eine Arbeitsgruppe eingesetzt, die soeben statt des einen erwarteten Vorschlags vier verschiedene Vorschläge eingereicht hat. Die Harten wollten auch für den kleinsten Einbruch mit Entwendung einiger Bierflaschen den Rausschmiss, die Weichen erst ab einer Gefängnisstrafe von 6 Monaten. Drei Tage später war in Zeitungsinseraten der Volkspartei schon wieder das Bild eines ausländischen Gewaltmenschen zu sehen, mit dem Textbalken vor den Augen »Ivan S., Vergewaltiger« und der erschreckenden Aussicht »Ivan S. soll weiter vergewaltigen!«

Nun muss der Bundesrat Monate nach der Volksabstimmung in der Sommerhitze über den vier Varianten brüten, bevor er ein Gesetz vorlegt, das dann vom Parlament wieder zu einer endgültigen Fassung zerzaust werden wird, gegen welche die SVP immer noch das Referendum ergreifen kann. Soviel zur demokratischen Durchschnittsgeschwindigkeit der Schweiz.

Aber eigenartigerweise werden wir gerade von den Deutschen immer wieder beneidet, einerseits als EU-Verweigerer, andererseits, wie von den Gegnern des Stuttgarter Bahnhofausbaus, als Fahnenträger der direkten Demokratie. Wir haben über die Heilige Barbara abgestimmt, bevor sie sich in die Tiefen der Gotthardröhre begab, und dass wir auch über die nächsten Atomkraftwerke abstimmen werden, war schon vor Fukushima klar.

Der 7köpfige Bundesrat, den außerhalb der Schweiz kaum jemand kennt, besteht übrigens zur Zeit aus 4 Frauenköpfen und 3 Männerköpfen, für jemanden, der – wie ich – als junger

Stimmbürger noch mit lauter Männern zur Urne ging, ein ebenso unwahrscheinlicher wie erfreulicher Anblick. Mit diesem Anblick hängt es zusammen, dass diese Regierung kürzlich den Atomausstieg beschlossen hat, überraschend insofern, als unsere rehäugige Energieministerin früher der Atomlobby angehörte und von dieser als sicherer nuklearer Wert gehandelt und entsprechend gepusht wurde. Weniger überraschend das Tempo des Ausstiegs: nicht bis 2022 wie Deutschland, sondern bis 2034, mit andern Worten, bis alle Werke ihre Urankerne zu Schrott gespalten haben. Unser ältestes Atomkraftwerk, Mühleberg, ist genau gleich alt wie Fukushima und genau gleich gebaut. Seine Risse im Kernmantel, die durch eine Art stählerner Bruchbänder zusammengehalten werden, seien unbedenklich, findet die Aufsichtsbehörde. Sollte der Reaktor einmal auf japanische Art außer Kontrolle geraten, müsste ganz Bern evakuiert werden. Für den Bundesrat stünde für diesen Fall ein Notfallbunker im Berner Oberland bereit.

Die Schweiz will, allen Nostalgikern des In- und Auslandes zum Trotz, nicht einfach so bleiben, wie sie war. Im letzten Jahrzehnt sind in unserm Land jedes Jahr etwa 1000 Bauernbetriebe verschwunden. Wohin eigentlich? Die Statistik meldet, in den letzten 12 Jahren sei eine Fläche von 264 km² überbaut worden. Wenn ich richtig rechne, ergibt das pro Minute 41 m². Man kann sich auch vorstellen, der ganze Kanton Nidwalden sei ein einziges Häusermeer. Für wen genau? Aus Zug ziehen die Normalverdiener zu Hunderten aus, weil sie keine bezahlbaren Wohnungen mehr finden, aus dem Oberengadin migrieren sie ins Unterengadin, in Zürich gibt es auf ein vernünftiges Wohnungsinserat mehrere hundert Bewerbungen. Dennoch haben wir die Steuergerechtigkeitsinitiative, welche die stärkeren Einkommen stärker besteuern wollte, klar abgelehnt, wir könnten ja vielleicht doch noch selber reich werden.

Und wir können gut unterscheiden zwischen Flüchtlingen und Steuerflüchtlingen. Auch über den Einlass von Flüchtlingen und Asylbewerbern haben wir in diesem Jahrzehnt abgestimmt, zweimal sogar, und haben dabei die Türen unseres Hauses noch besser verschlossen. Dazwischen haben wir sie wieder einen Spalt geöffnet, aber nur für die Bewohner jenes neuen Landes, das sich Schengen nennt. Ferner haben wir den Fremden bei uns gezeigt, wo Gott hockt, nämlich nicht in den Minaretten, und nun haben wir also auch die Nulltoleranz für kriminelle Ausländer in die Bundesverfassung gehievt. Die Nulltoleranz für kriminelle Einheimische lässt noch ein bisschen auf sich warten.

Die Angst geht um in unserm »Haus zum Schweizerdegen«, wie ein Volkslied heißt, das vor allem an Schützenfesten gesungen wird. Es ist die alte Schwarzenbachangst vor der Überfremdung. Schwarzenbach, Rechtsaußen-Nationalrat mit dem typisch schweizerischen Vornamen James, hatte 1970 sozusagen im Alleingang eine Initiative zur Abstimmungsreife gebracht, welche eine Beschränkung der ausländischen Bevölkerung verlangte. Damals haben wir mit knapper Mehrheit beschlossen, dass wir die Ausländer lieben.

Langsam dämmert es uns, dass die Zukunft unseres Landes keine rein schweizerische mehr sein kann, und dass die Schweiz kein Zustand ist, sondern ein Prozess. Haben wir überhaupt genügend Identität, in die man sich integrieren kann? Integration heißt ja, dass sich die andern uns anpassen. Oder sollen wir etwa in der Migros-Klubschule Arabisch lernen? Oder Chinesisch? Damit wir wenigstens die Schriftzeichen für »Seltene Erde« kennen?

Mit dem Lernen ist es auch so eine Sache. Im ersten Jahrzehnt wurden unsere Hochschulen und Fachhochschulen derart umgestaltet, dass sie kaum mehr zu erkennen sind. Ich habe noch mit niemandem gesprochen, der sich darüber freut, und ich habe noch niemanden gehört, der sich dafür wirklich verantwortlich fühlt. Bis in die obersten Bildungsetagen sieht man sich als Opfer. Und auch durch die pädagogischen Niederschulen schleicht der Unmut. Wurde nicht beim kantonalen Lehrertag in Liestal vor kurzem beinahe eine Petition angenommen, die von der Erziehungsdirektion den sofortigen Verzicht auf jede weitere wie auch immer geartete Reform verlangte? Wer bestimmt das Tempo, mit dem wir nicht mehr mithalten?

Im eigenen Haus, in dem wir so gern Meister wären, gibt es viele Zimmer und Säle. Auf einem Rundgang, den ich letzthin machen durfte, bin ich bei einem Seminarraum vorbeigekommen, an dem ein Workshop mit dem Titel »Hat die Schweiz Burn-out?« angekündigt war.

Auf einer anderen Tür stand: »Zur Sprachregelung unserer Unabhängigkeit – 1. Teil: autonomer Nachvollzug«. So nennen wir die Anpassung unserer Vorschriften an EU-Normen, obwohl wir als Nichtmitglied von der EU völlig unabhängig sind, autonom eben. Weiter hinten wurde ein Seminar für Diplomaten angekündigt: »Wie werde ich Schweizer Botschafter? Es sprechen Roger Federer, DJ Bobo und Sepp Blatter. Abgesagt aus Termingründen: Joe Ackermann und Jörg Kachelmann.«

In einen Saal durfte ich kurz hineinschauen. Es war ein Ballettsaal, in dem der Spagat geübt wurde. Heute war es der Spagat zwischen verwurzelt und weltoffen, zwischen geschäftstüchtig und bescheiden, zwischen schweizerisch und europäisch, zwischen nachhaltig und profitabel. Die Ballettmeisterin, die ihre Lektion mit Tamburinschlägen unterlegte, glich von hinten erstaunlich unserer Bundespräsidentin, und unter den Eleven glaubte ich einige Regierungsmitglieder, Parteipräsidenten und Wirtschaftsführer zu erkennen, die ächzend versuchten, ihre gespreizten Beine in Bodennähe zu bringen, während ihr maskenhaftes Lächeln zeigte, dass sie mich für einen Fotografen hielten.

Im Übrigen liebe ich dieses Haus.

Seewen

Ich bin in Biel geboren. Am 1. März 1943 kam ich in der zweiten Stunde des Tages im Bezirksspital zur Welt.

Meine Eltern lebten aber damals in Seewen im Kanton Solothurn, und meine Mutter ging zur Geburt nach Biel, weil ihre Eltern in Biel wohnten und sie meinen Bruder bei ihnen lassen konnte. In dieser Zeit war Krieg in den übrigen Teilen der Welt, auf die ich kam, und mein Vater leistete Militärdienst, um die Grenzen unseres Landes, als dessen Bürger ich, ob ich wollte oder nicht, geboren wurde, zu bewachen. Sein Platz war hinter einer Flabkanone, für welche er die Abstände zu errechnen hatte, um welche die Kanone dem abzuschießenden feindlichen Flugzeug vorausgerichtet werden musste oder müsste, wenn eins käme, oder hätte müssen, wenn eins gekommen wäre. Das Wort dafür hieß »telemetrieren«, aber davon wusste ich zur Zeit meiner Geburt, in Biel also, noch nichts.

Später dann, wenn ich Angaben zu meiner Person machen musste und dabei las »geboren in …«, schrieb ich über die Pünktchen immer Biel, weil es für mich klar war, dass ich in Biel zur Welt gekommen war, Montag morgen, 1. März 1943, 1 Uhr 15, im Bezirksspital, das mir meine Mutter später einmal zeigte und das heute das Kulturzentrum Pasquart ist.

Erst als meine Frau unsern ersten Sohn im Kreisspital Männedorf zur Welt brachte, erfuhr ich, dass diese richtige Angabe falsch ist. Geboren, so klärte mich der Zivilstandsbeamte von

Uetikon am Zürichsee auf, ist man nicht dort, wo man geboren ist, sondern dort, wo die Eltern wohnen, oder korrekter gesagt wohnhaft sind. Ich wäre demnach in Seewen geboren.

Diese Einsicht, die schon fast eine Erkenntnis ist, kam bei mir sehr spät, als ich schon mehrmals angegeben hatte, ich sei in Biel geboren. Ich überlegte dann, ob ich meine Geburtsangabe künftig dieser neuen Erkenntnis anpassen sollte und entschied mich dagegen. Ich blieb ein Bieler, obwohl ich ein Seewener war, e Seebner, wie man im Schwarzbubenland sagt.

Dort wohnte ich also, bevor wir nach Olten zogen, während der ersten vier Jahre meines Lebens mit meinen Eltern und meinem Bruder, in einem Haus etwas oberhalb des Dorfes. Mein Vater war Lehrer, und wenn er zum Militärdienst musste, vertrat ihn meine Mutter, die ebenfalls Lehrerin war, aber in dieser Zeit vor allem für uns Kinder da war.

Was mir meine Erinnerung von diesen vier Jahren bewahrt hat, hat wohl nicht viel mit Seewen zu tun, sondern mit dem, was der Bub dort erlebte. Im Garten gab es ein kleines Bassin, und in dieses Bassin fiel ich einmal, als kein Wasser drin war. Den rauen Belag an den Wänden, an den ich angstvoll griff, um irgendwie nach oben zu kommen, spüre ich noch heute unter meinen Fingern.

Hinter dem Haus war ein kleiner Teich, den ich eines Tages mit meinem Bruder zusammen mit einer Ovomaltinebüchse ausschöpfen wollte. Wenn wir mit unserer Mutter ins Dorf zum Einkaufen gingen, stritten wir uns immer um die Hand der Mutter, an der keine Tasche hing. Diese Hand nannten wir »s schöne Händli« und einigten uns meistens so, dass einer bis zur Hälfte des Weges dieses Händli halten durfte, und der andere von dort bis nach Hause. Der Streit verlagerte sich dann auf die Frage, wo die Hälfte des Weges war.

Ein Kartoffeläckerchen, das meine Eltern bepflanzten, lag auf einer Anhöhe, man sah diese vom Haus aus, und auch den Weg, der in ein kleines Tal führte. Als ich mit meinem Bruder einen Mann beobachtete, der diesen Weg hinunterging, also ging, nicht etwa rannte, sagte ich: »Dasch e dumme, dass dä nid springt.« Meine Mutter hörte damals Englischkurse am Radio, und ich muss mitgehört haben, denn einmal warf ich auf dem Kartoffeläckerchen einen Stein mit dem fröhlichen Ausruf »Haudujudu?« in die Höhe, der beim Herunterfallen beinahe meinen Vater traf.

Wo ist das Äckerchen? Im Altersheim meiner Erinnerung, zusammen mit dem Teich, der inzwischen zum Biotop eines Einfamilienhauses geworden sein dürfte.

Wenn ich heute jemandem Seewen als meinen Geburtsort nenne, gibt es zwei mögliche Reaktionen.

Die erste: Ist dort nicht dieses schöne Museum für Musikautomaten? Die zweite: Ist das nicht dort, wo dieser furchtbare Mord geschah?

Beides trifft zu. Vor bald vierzig Jahren wurden in einem Wochenendhäuschen oberhalb des Dorfes fünf Menschen erschossen. Der Mord wurde nie aufgeklärt, und erst kurz nach seiner Verjährung fand man die Tatwaffe beim Umbau einer Wohnung in Olten hinter einem Küchenschrank. Der Sohn der verstorbenen Frau, die dort gewohnt hatte, wurde nun zum möglichen Mörder, doch er war seit Jahren verschollen. In einer Sonntagszeitung sah ich damals ein Klassenfoto, auf dem er drauf war. Den Lehrer auf dem Bild erkannte ich sofort. Es war mein Vater.

Im Museum hatte ich vor ein paar Jahren eine Lesung und habe bei dieser Gelegenheit den größten Musikautomaten meines Lebens gesehen. Seine kunstvoll arrangierte und alles übertönende Fröhlichkeit füllte eine ganze Wand.

Die Magie des kleinen Rechtecks

Seit ich lesen kann, habe ich auch geschrieben.

Kleine Geschichten, kleine Gedichte, und vor allem Briefe.

Wenn ich bei meinen Großeltern in Schönenwerd in den Ferien war, schrieb ich fast jeden Tag einen Brief an meinen Bruder, der bei den andern Großeltern in Biel in den Ferien war. Und was den Brief erst zum Brief machte, war die Briefmarke.

20 Rappen kostete ein Brief, 10 Rappen eine Postkarte, und 5 Rappen eine Postkarte, auf der nicht mehr als 5 Worte standen. Dieser Tarif kam mir immer eigenartig vor, ich machte mir Gedanken über das Gewicht der Worte. Eine dicht beschriebene Karte wog offenbar schwerer als herzliche Grüße, Dein Franz.

Es war für mich natürlich, dass ich diese Briefmarken zu sammeln begann, ich eröffnete also Schachteln, wünschte mir Einsteckalben und Müllers Jugendalbum Schweiz-Liechtenstein, ich ging auf Raubzüge zu Verwandten und Bekannten, hatte ein Auge auf die Post meiner Eltern, auf der meiner Meinung nach viel zu wenig Sondermarken klebten, und begann mit einer gewissen Systematik zu sammeln. Bei den Strafportomarken fehlte mir z. B. die 20Rp.-Marke. Das war eine ziemlich nüchtern gestaltete Serie, auf der nur gerade in Schrägschrift der Tarif abgebildet war, den es zu bezahlen galt, das hatte zugleich etwas Tadelndes und Forderndes. So schickte ich meinen Großeltern in Biel eine unfrankierte Neujahrskarte mit der scheinheiligen Frage, ob es bei ihnen auch schon Schnee habe. Die Karte mit der gestempelten Strafportobriefmarke holte ich bei meinem nächsten Besuch ab, und noch heute steckt sie in einem Sichtmäppchen meines Ganzsachenalbums.

Mein Bruder sammelte ebenfalls Briefmarken, und öfters wünschten wir uns einen Briefmarkenblock zu Weihnachten, der schon während des Jahres am Postschalter gekauft werden musste und den die Eltern dann bis Weihnachten aufbewahrten. Die blauen »Lunaba«-Blöcke von 1951 mit den vier Fahnenschwingern versteckten sie derart gut, dass sie nie mehr auftauchten. Mein Vater war überzeugt, dass er sie in ein Buch gesteckt hatte, und mein Bruder und ich blätterten seine halbe Bibliothek durch, ohne auf die Blöcke zu stoßen.

Der Block nahm an Wert zu, heute ist er wohl wieder günstiger zu haben, aber zur Zeit, als meine eigenen Kinder sich für Briefmarken interessierten, hatte er einen Katalogpreis von nahezu 1000 Franken, und es gehörte zu den Weihnachtsvergnügungen bei meinen Eltern, dass meine Kinder und die Kinder meines Bruders mit roten Köpfen die Bücherregale meines Vaters durchsuchten, in der Hoffnung, irgendwann einmal auf den ersehnten Schatz zu stoßen. Vergeblich.

Das Suchen gehört wohl zum Sammeln und ist an sich schon ein Wert, wie das Warten des Fischers beim Angeln. Die 20er-Marke der Normalserie zeigte den Grimselstausee, mit dem Werkgebäude auf einem Felssporn, und auf einem Teil der Auflage war dieses Gebäude durch einen Fehler beim Druck unten offen und nicht mit einem Strich abgeschlossen. Diese »Abart« (was für ein anrüchiges Philatelistenwort!) suchten wir auf jedem Brief, der in der elterlichen Post lag, doch es war wie das Warten auf den großen Sport-Toto-Gewinn, es wimmelte von korrekt gezeichneten Grimselwerkhäusern, und es erreichte uns keine einzige Fehlarchitektur. Auf den Gedanken, dass Fehler etwas Wertvolles sein können, bin ich wohl erstmals beim Briefmarkensammeln gekommen.

Der Magie des kleinen Rechtecks entgehe ich immer noch nicht ganz. Zwar liegt heute auch bei mir der Hauptteil meiner Post im virtuellen Briefkasten, dennoch treffen immer wieder echte Briefe und Postkarten ein, inländische und ausländische, und die schön gestempelten und unbeschädigten Briefmarken schneide ich aus und lege sie in eine Schachtel. Kinder, die Briefmarken sammeln, dürfen bei mir diese Schachteln durchwühlen, nach Tieren, nach Blumen, nach Ländern, oder nach dem, was sie eben sammeln.

In letzter Zeit kommen weniger Kinder.

Aufwachsen

Eigentlich wachse ich immer noch auf.

Mein Elternhaus in Olten steht noch, und wenn ich darin übernachte, schlafe ich in meinem Bubenzimmer.

Im Büchergestell stehen die Bücher, die ich als Schüler gelesen habe, »Stanleys große Fahrt«, »Der Schatz im Silbersee« oder »Der 35. Mai«. Ich habe gerne Abenteuer bestanden, im Kopf, habe nicht nur mit Stanley im Urwald geschwitzt, sondern auch mit Scott und Amundsen in der Antarktis gefroren, bin mit Mallory und Irvine im Basislager am Mount Everest in engen Zelten gelegen, bin aber auch mit großem Vergnügen am 35. Mai durch einen Schrank mit dem schrägen Onkel in die Südsee hinuntergestiegen und habe mich als unsichtbarer Gast auf das fröhliche Pferd Negro Kaballo gesetzt.

Es gab keine großen Reisen, als ich ein Kind war. Einmal fuhr uns unser eigener schräger Onkel mit dem Auto ins Elsass, da waren wir also in Frankreich, im Ausland, und sahen mit Schaudern die Einschusslöcher in den Häusern von Mulhouse, wo 10 Jahre zuvor noch Krieg war und Menschen aufeinander geschossen hatten, um sich zu töten.

Der Krieg faszinierte mich. Ich konnte mich lange vertiefen in ein großformatiges sechsbändiges Werk, das unter dem Titel »Das große Weltgeschehen« während des Zweiten Weltkrieges Jahr für Jahr erschienen war und in der Bibliothek meines Vaters stand.

Mein schweizerisches Geschichtsbild war ungetrübt. Es war ganz klar, dass ich zu einem Heldenvolk gehörte, das sich von Morgarten bis St. Jakob an der Birs froh noch im Todesstreich auf jeden Feind gestürzt hatte. Das Bild wurde genährt von unserm Primarlehrer, der uns mit Begeisterung von den alten Eidgenossen und ihrem unbändigen Freiheitsdurst erzählte. Als in der »Schweizer Jugend« ein Buch mit dem Titel »36 Bilder zur Schweizer Geschichte« angekündigt wurde, ging ich fast täglich in die Buchhandlung Schreiber, um zu fragen, ob es schon erschienen sei, hatte auch schon erspartes Taschengeld bei mir, um es zu kaufen, und war dann sehr enttäuscht, als es sich bei den Bildern bloß um schematische Darstellungen handelte; es waren eine Art Organigramme der alten Eidgenossenschaft, vor und nach der Tagsatzung, unter fremden Kronen waren dicke Pfeile gezeichnet, welche sich gegen die Schweiz richteten, aber keine einzige Darstellung einer Schlacht war da zu sehen, und darauf hatte ich doch gehofft, und so begann ich selbst Schlachten zu zeichnen. Ich malte den Mädchen, die mir ihr Album gaben, um mich darin zu verewigen, sterbende Krieger, die sich mit aufgerissenem Mund einen Pfeil aus der Brust rissen, und war ganz erstaunt, als mich meine Mutter fragte, ob ich glaube, die Mädchen hätten Freude daran. Selbstverständlich glaubte ich das. Ich glaubte überhaupt, die Mädchen hätten Freude an mir, denn ich hatte auch Freude an den Mädchen, die mir als große und geheimnisvolle Bereicherung der männlichen Welt vorkamen.

Die männliche Welt, das waren Indianerspiele, die wir im nahen Säliwald veranstalteten, oder Fußballwettkämpfe, die wir nach der Schule auf dem Sportplatz neben der Friedenskirche austrugen. Wenn man Glück hatte, schauten die Mädchen dabei zu. Wer eines von ihnen als Schulschatz wollte, musste eine Botin organisieren, die mit einer entsprechenden Anfrage zum ersehnten Mädchen ging. Wurde die Anfrage positiv beantwortet, wussten alle, dass man nun miteinander ging. Was sich in den Herzen zutrug, war einigermaßen klar; schwerer durchschaubar allerdings, was sich genau in den Unterleibern abspielte, da kursierten die verschiedensten Gerüchte. Einmal bekam ich ein Aufklärungsbüchlein in die Hand gedrückt mit dem Titel »Du sollst es wissen«, es war eine ähnliche Enttäuschung wie die Schweizer Geschichte in 36 Bildern, nichts wurde gezeigt, man wusste gar nichts danach, noch heute staune ich über die Frechheit der Autoren, so etwas als Aufklärung auszugeben. Zum Glück fand ich dann einmal, spät genug, auf dem obersten Regal der elterlichen Bibliothek in der zweiten Reihe das Buch »Unser Geschlechtsleben«. Damit war eine Lücke geschlossen, aber zugleich eine neue aufgetan, denn das Gelesene wollte ja nun auch irgendeinmal erlebt werden.

Doch da lauerten die Regeln und Normen einer rigiden Welt, die mit dem unbändigen Freiheitsdurst der alten Eidgenossen nicht im Einklang standen. Einer meiner ersten Schulschätze war ein Mädchen, das zwar eine Mutter hatte, aber vom Vater trafen nur ab und zu Postkarten ein. Erst später erfuhr ich, dass die Mutter, gelernte Kindergärtnerin, sich mit besten Qualifikationen für eine Stelle beworben hatte, die sie aber nicht bekam, weil sie ein uneheliches Kind hatte. Ich erfuhr überhaupt vieles erst später.

Dass gleichaltrige Kinder unter der Bezeichnung »Verdingkinder« als Sklaven gehalten wurden, wusste ich nicht, obwohl einer meiner Großväter selbst ein Verdingkind gewesen war. Dass gleichaltrige Kinder ihren Familien weggenommen wurden und unter der Bezeichnung »Kinder der Landstraße« ins Elend einer Heim- und Anstaltskarriere gestoßen wurden, wusste ich nicht, ich wusste nur, dass »Pro Juventute«, die dafür verantwortlich war, »Für die Jugend« heißt, und dass wir ihre Briefmarken an den Haustüren verkaufen durften, oder mussten, denn dahinter steckten feste Werte, an denen es nichts zu rütteln gab. Dass die Hälfte der Erwachsenen weder abstimmen noch sich in ein politisches Amt wählen lassen konnte, erscheint mir rückblickend als unglaubhaft. Es war aber so. Ich wuchs, so scheint mir manchmal, in einer düsteren Zeit auf, ohne es zu merken.

Mir selbst ging es gut in dieser Zeit. Ich konnte ein Instrument lernen, das Cello, das sich mein Großvater (das ehemalige Verdingkind) erworben hatte, in der Hoffnung, es zu erlernen, um dann zu erfahren, dass seine Finger dafür zu klein waren. Ich ging ins Progymnasium und lernte mit Leichtigkeit Sätze wie »milites fortiter pugnabant«, »Die Soldaten kämpften tapfer«, ich schrieb Verse für die bunten Abende unserer Skilager, ich spielte Theater, gab in der Dramatischen Gesellschaft in Thornton Wilders Einakter »Glückliche Reise« den etwas vorwitzigen Buben in einem Matrosenanzug, ich beschloss als Zwölfjähriger, alles gut und interessant zu finden und wurde gleich danach schwer krank, und ich glaube, ich habe die Krankheit nur überlebt, weil ich den Aufenthalt im Kinderspital Zürich gut und interessant fand, ich befand mich wohl auf einer glücklichen Reise.

Mit dem Einzug der Selbstverständlichkeiten von heute sind Welten untergegangen.

Bevor der erste Eisschrank in unsere Wohnung kam, diente ein kleines, mit Marmorplatten ausgekleidetes Fach im Küchenschrank zur Kühlung von Nahrungsmitteln. Ich öffnete es immer mit Andacht, denn Marmor kam sonst nur in den Schlössern der Märchen vor.

Eine starke Erinnerung sind die wabernden heißen Dämpfe in der Waschküche, wenn die Waschfrau kam und mit unserer Mutter zusammen die Leintücher in großen Zubern unter Zuhilfenahme von Stößeln mit gelochten Glocken »stunggelte«.

Und die Kohlen, die über eine Rutsche in den Heizungskeller donnerten, unter Hinterlassung einer Höllenstaubwolke, und der Brenner, den man in die Kohlen im Zentralheizungsofen schieben musste – und wie lang gab es den Holzofen noch, der in der Stube stand? Dort befand sich auch der Radioapparat mit dem grünen Auge und der Skala, die mit dem rätselhaften Ort »Hilversum« begann, und vor dem wir abends mit heißen Backen die unheimlichen Sendungen »Verzell du das im Fährima« hörten, oder die Krimireihe »Mein Name ist Paul Cox« oder die berndeutschen Gotthelf-Hörspiele »Ueli der Knecht«, die mich später zu meinem »bärndütsche Gschichtli« inspirierten, oder am Samstag die bunten Abende aus dem Bernhard-Theater. Die Welt war in unsern Ohren zu Hause.

Und gejasst haben wir in der Stube, ein Kulturgut, das ich bis heute bewahrt habe und auch meinen Söhnen weitergab, und Streichquartett haben wir gespielt (Mutter erste Geige, Bruder zweite Geige, Vater Bratsche, ich Cello), einige Male auch öffentlich, etwa bei einem Familienabend der Kirchgemeinde.

Der »Nebelspalter« kam als institutionalisierter Humorbote ins Haus, mit Versen von Bö, die mir lebenslänglich geblieben sind; die samstagmittägliche Radiosatiresendung wollte ich auch nicht verpassen, mit Zarli Carigiet (»Wer sait das, Bueb?«) oder Margrit Rainer und Ruedi Walter (»Bi's Ehrsams zum schwarze Kaffi«), nicht aber mit Alfred Rasser, dessen Sendung wieder gestrichen wurde, nachdem er mit einer Nationalratsgruppe zusammen das kommunistische China besucht hatte.

Dann der Ungarn-Aufstand, den wir am Radio verfolgten und der mich an die Freiheitskämpfe der alten Eidgenossen erinnerte. Er machte es sehr leicht, die Kommunisten zu hassen. Ein paar Jahre vorher hatten wir mit Eiszapfen in der Hand »Krieg in Korea« gespielt.

Für unsern Geschichtslehrer an der Kantonsschule Aarau und sein anthroposophisches Menschenbild war das kommunistische China so verabscheuungswürdig, dass er fand, eine Atombombe über China wäre das Beste, aber das gehe leider nicht. Als Vico Torriani im Saalbau Aarau auftrat, verteilten Schüler der Studentenverbindungen Flugblätter gegen ihn, weil er kurz zuvor in Moskau aufgetreten war. Ich selbst schrieb einmal für die Spalte »Stimme der Jungen« im »Aargauer Tagblatt« einen antikommunistischen Artikel. Für das »Oltner Tagblatt« begann ich, Konzert- und Theaterbesprechungen sowie Kurzgeschichten zu schreiben, und der Abdruck dieser Geschichten war eine frühe Ermutigung.

Als ich in die Kantonsschule ging, gab es bereits Saisonarbeiter, die ihre Familie heimlich nachkommen ließen und deren Kinder sich in den Wohnungen verstecken mussten, in steter Angst, entdeckt zu werden. Aber auch als einheimisches Kind konnte man in Heimen, welche sich mit Namen von Heiligen oder einem Wort wie »Liebeswerk« schmückten, so schwer geprügelt und gedemütigt werden, dass man jedes Vertrauen in die Erwachsenen, in die Autoritäten und überhaupt in die Menschen verlor.

All dies erfuhr ich erst später. Ich hatte eine schöne Jugend. Ich. Andere nicht.

Der Musikdirektor

Da kommt er!

Da schiebt er sich vorwärts.

Da schleppt er sich dahin.

Das eine Bein ist kürzer als das andere, mehr als das, missgebildet, es endet mit einem Klumpfuß in einem Spezialschuh, der mit seiner kothurnartigen Sohle die Länge des Beines dem andern angleicht. Diesen schweren Unfuß muss er jedoch ständig etwas hinter sich herziehen. Die Mutmaßungen über dessen Ursprung gehen weit auseinander, von einer Kinderlähmung bis zu einem Hundebiss beim Fensterln.

Ein Stock mit silbernem Knauf hilft ihm beim schwankenden Gang.

In der andern Hand immer die Mappe.

Und immer in einem dunklen Anzug.

Die strähnigen, glatten Haare kühn nach hinten gekämmt, etwas länger als der übliche Durchschnitt.

Da kommt er, von der Schöngrundstraße her, ins Hübeli-Schulhaus, zum Gesangunterricht für die fünfte Gymnasialklasse, in welcher nur noch zehn Schüler übrig geblieben sind, die den strengen Anforderungen der strengen Lehrer dieser strengen Schule genügen konnten, die andern haben sich auf Internate, Seminarklassen und Handelsschulen verteilt.

Da kommt er durch das Hauptportal, arbeitet sich die Treppe hoch in den ersten Stock, zum Singsaal.

Dort setzt er sich an den Flügel und singt mit den zehn Burschen und Mädchen Lieder von Schubert, »Ich hört' ein Bächlein rauschen«, »Am Brunnen vor dem Tore«, »Schad um das schöne grüne Band«, und er macht uns aufmerksam auf die Strukturen und Harmonien dieser Lieder, zeigt uns, warum aus dem Bächlein mit der perlenden Begleitung kein Volkslied werden konnte, wohl aber aus dem Brunnen vor dem Tore, macht uns mit dem Dichter Wilhelm Müller bekannt, von dem wir im Deutschunterricht weder vorher noch nachher etwas hören werden und den er als Schuberts Textlieferant in Ehren hält, er singt mit uns, oder wir singen mit ihm Schumanns unglückliche Grenadiere, und seither kennen wir die Marseillaise, denn sie ist in die Begleitung eingewoben, und die Mädchen in der Klasse schütteln den Kopf über die Zeile »Was schert mich Weib, was schert mich Kind«, doch die Burschen schaudert es beim Gedanken von der Schildwach' im Grabe, über die auf einmal der Kaiser reitet, den es zu schützen gilt, warum ihn, warum nicht Weib und Kind, fragen die Mädchen voller Verachtung für den irregeleiteten Idealisten, dann singen wir auch das Lied von den zwei Gesellen, die strebten nach hohen Dingen, und wem sie vorübergingen, dem lachten Sinne und Herz. Der erste fand ein Liebchen und wiegte gar bald ein Bübchen, dem zweiten sangen und logen verlockend Sirenen und zogen ihn in die buhlenden Wogen, und sein Schifflein, das lag im Grund, und am Ende des Liedes lässt der Gesanglehrer seine Hände einen Moment auf den Knien ruhen und erzählt etwas aus seinem Leben, nämlich wie er kürzlich einen alten Bekannten getroffen habe und ihn unter anderem nach seinem Sohn gefragt habe, und da habe ihm der andere bedauernd geantwortet: »Ach wissen Sie, der ist jetzt Barpianist.«

So schlimm fanden wir das zwar nicht, doch damit hat er

klare Werte gesetzt, unser Gesanglehrer, der mehr war als Gesanglehrer, nämlich Musikdirektor, Musikdirektor der Stadt Olten, das war sein Titel, ein Titel, den es schon lang nicht mehr gibt, und unter diesem Titel war ihm sozusagen die musikalische Pflege der Kleinstadt anvertraut, er war Dirigent des Gesangvereins, er war Dirigent des Stadtorchesters und hatte das Ansehen der Stadt als Hort der Musik hochzuhalten, durch Konzerte zum Beispiel, in denen die musikalischen Kräfte der Provinz gebündelt auftraten.

Mit vierzehn Jahren durfte ich, der ich Cello lernte, zum erstenmal im Stadtorchester mitspielen, der Anlass war die 75 Jahr-Feier des Schweizerischen Vereinssortiments, so hieß das Buchzentrum damals, wir spielten auf der Bühne des Stadttheaters das dritte Brandenburgische Konzert von Bach, in dem die Bass-Linie eine eminente Rolle spielt, und ab dann war ich mehrere Jahre dabei. An das dritte Klavierkonzert von Beethoven erinnere ich mich gut, mit einer chinesischen Pianistin, und an die Oratorien, zu denen unser Musikdirektor immer hervorragende Solisten engagierte. »Judas Maccabäus« etwa von Georg Friedrich Händel, das hatte er sich zur Feier seiner 40jährigen Dirigententätigkeit vorgenommen, und da wirkten außer dem Stadtorchester sämtliche aufbietbaren Oltner Chöre mit, der Gesangverein, der Lehrergesangverein Solothurn und Olten, der Knabenchor, und es stießen große Namen dazu, so sang neben Peter Lagger als Bass damals auch Maria Stader. In diesem Oratorium gibt es eine kurze, äußerst melodiöse Sopranarie, die nur von einem Cello begleitet wird, und da ich bereits zum 1. Cellisten aufgerückt war, fiel mir die Aufgabe zu, die berühmte Sopranistin zu begleiten, ich erinnere mich sehr gut an die Hauptprobe, als sich die Sängerin beim Erklingen des Cello-Vorspiels nach dem Solisten umdrehte und über dessen Jugend fast etwas erschrak, aber sie hatte nichts zu mäkeln, und wir legten das Stück einwandfrei hin, Maria Stader und ich, in der reformierten Friedenskirche zu Olten. Die Auftritte des Musikdirektors hatten Stil: er hinkte zum Dirigentenpult, setzte seinen gesunden Fuß mit einem federnden Tritt auf das Podest und schwang seinen bösen Fuß geradezu graziös hinauf, und dann war er für die Dauer des Konzerts ein souveräner Maestro. Nach dem Jubiläumskonzert schrieb er mir eine Widmung aufs Programmheft, die Art, wie er die Buchstaben setzte, glich einer Notenschrift.

Er wurde gerne belächelt, Ernst Kunz, man wusste, dass er komponierte und dass seine Werke selten gespielt wurden, und wenn, dann vor allem in Olten, sie hatten den zähen Schwung der auslaufenden Spätromantik und liegen heute in der Kantonsbibliothek in Solothurn begraben, aber vielleicht hätten sie auch noch Überraschungen bereit.

Ernst Kunz, Oltner Musikdirektor auf Lebenszeit, hatte sich wohl eine andere Karriere vorgestellt. Er hatte bei Ferrucio Busoni und Hans Pfitzner studiert, war vor und während des ersten Weltkriegs bei Bruno Walter als Korrepetitor an der Münchner Hofoper angestellt, verkehrte noch am Bayerischen Königshof, was dazu führte, dass er in seinen eigenen biographischen Angaben immer schrieb »geboren bei Bern«, nur um den Namen »Zimmerwald« zu vermeiden, der durch Lenins Sozialistische Internationale zu einem Reizwort geworden war. Er sei altmodisch, sagte er uns einmal, er lehne Füllfeder und Kugelschreiber ab und schreibe seine Kompositionen nur mit Bleistift. Seine Musik also, wie Robert Walsers späte Prosa, eine Botschaft aus dem Bleistiftgebiet. Ich erinnere mich auch, dass an der ersten Schlussfeier des Progymnasiums Ulrich Knellwolf, der die Klasse des nächsthöheren Jahrgangs besuchte, ein gar nicht leichtes Lied eines Klassenkameraden sang, welcher ihn am Klavier begleitete, und wer die beiden dazu angespornt hatte, war Ernst Kunz, dem das kompositorische Talent dieses Schülers sofort aufgefallen war. Natürlich war der Musikdirektor als Gesanglehrer für die Kleinen am Progymnasium fehl am Platz; viel eher als ein Kampf um das Verständnis von Dominante und Subdominante war der Unterricht ein Kampf um die Disziplin, bei dem er auch vor Ohrfeigen nicht zurückschreckte, sein Satz »Kriegst e Watschen!« zirkulierte als legendäre Warnung in den unteren Klassen.

Da geht er!

Ernst Kunz, Musikdirektor, da humpelt er wieder am Stock mit dem Silberknauf in den Schöngrund hinauf, zurück in unser Gedächtnis, und in seiner Mappe nimmt er all die Oratorien, Symphonien und Konzerte mit, die er jahrzehntelang in Olten mit längst verstummten Chören und Orchestern zum Erklingen gebracht hat und die wohl auch die Sehnsucht eines Menschen nach Schönheit waren, eines Menschen, der vom Schicksal seiner Erscheinung geschlagen war und der diesem Schicksal mit trotziger Würde die Stirn bot, und ich ziehe meinen Hut vor ihm und winke ihm nach.

Urheberrechte

An einem Abend im März des Jahres 1847 setzte sich der französische Komponist Ernest Bourget in das Café »Les Ambassadeurs« in Paris und trank eine Limonade. Als er hörte, dass das Salonorchester ohne seine Erlaubnis eines seiner Stücke spielte, sagte er dem Wirt, die Limonade sei schon durch seine Musik bezahlt. Es gab einen kleineren Skandal, der jedoch, nach einer Klage Bourgets gegen den Besitzer des Cafés, zur Gründung der ersten Urheberrechtsgesellschaft führte.

So kommt es, dass ich von Zeit zu Zeit von ProLitteris, SUISA, GEMA oder Suissimage Abrechnungen erhalte über Werke von mir, die im Radio, im Fernsehen, im Film oder auf Tonträgern benutzt oder öffentlich aufgeführt wurden. Mit Erstaunen sehe ich dann, wie meine Kreaturen, die ich früher einmal in die Welt gesetzt habe, für mich arbeiten.

Unermüdlich sind etwa meine beiden Süffel Schöppelimunggi und Houderebäseler irgendwo im Äther unterwegs und liefern mir für ihre schreckliche Begegnung mit dem Totemügerli und dem Blindeli ihren Tribut ab. Ihre romanischen Kollegen, ils duos tschaggelaris, stoßen auf der Fuorcla da Romadur regelmäßig auf das mörderische Mortunzel und vergessen nicht, mir aus dem Geröll, das sie verschüttet, noch ein paar Franken zuzuwerfen.

Mein Bernhard Matter, der die Berge von Holland in die Schweiz verschoben hat, taucht immer wieder auf, ebenso wie

der russische General Suworow, dessen Zug mit seiner un-
glücklichen Armee über die Schweizer Pässe ich in einer Bal-
lade beschrieb – da marschieren sie, und der schwarze Chüe-
jer, die Schträggle und der Türscht aus meinem »Geisterlied«
johlen ihnen hinterher, der »Theaterdonnerer« schüttelt seine
Bleche, während sich das Hoch- und das Tiefdruckgebiet in
der »Himmelsmacht« hoch über dem Berner Oberland ver-
einigen. Derweil tummeln sich in den Niederungen meiner
Abrechnungen Riesen und Zwerge, Gott und Teufel, Göttin-
nen und Schutzengel, Prinzen und Prinzessinnen, der Dra-
chenjäger und der Flugzeugentführer, die Spaghettifrau und
der Stadtrandspaziergänger. Die »Svizzeri tedeschi« treffen auf
die Schwarzen im »Tram uf Afrika« und auf die traurigen Gestalten aus dem »Usschaffigslied«. Der Dienstverweigerer setzt
sich mit dem Liederhörer zu den streikenden Totengräbern,
und der Mann auf der Insel ertrinkt für Fr. 36.40 auf SRF 1.

Nicht zu vergessen die Tiere. Die Made macht sich immer
wieder auf nach Hongkong, die Igel trippeln immer wieder auf
ihre Züglete, der Pfingstspatz flattert erfolglos auf die Fens-
tersimse der Menschen, niemand beachtet sein Hälmlein, das
er ihnen hinlegt, aber ich nehme dankbar die 1.73 von unserer
österreichischen Schwestergesellschaft entgegen und ermunte-
re ihn, nicht aufzugeben in seinen Bemühungen, die Labor-
maus, welche kurz vor ihrem Spritzentod noch einen herz-
erweichenden Brief an Prof. Zinkernagel schreibt, holt damit
bei der SUISA 18.74 heraus, die Ameisen, die ich in »Genozid«
umbringe, haben selbst noch in der italienischen Übersetzung
etwas für mich auf die Seite gelegt, und die Pinguine – es ist
unglaublich, wie liebenswürdig mich die Pinguine durchfüttern, sei es mit der Geschichte »Tschipo und die Pinguine«, die
ab und zu am Radio wiederholt wird, oder mit Hans-Ulrich

Schlumpfs Film »Der Kongress der Pinguine«, zu dem ich den Drehbuchtext verfasste, sie watscheln nicht nur durch die Antarktis, die Schweiz und Deutschland, sondern auch durch die ungarische Puszta und schicken mir von dort mit dem Absender »Pingvinek Kongresszusa« 6.60 für das Weitersenderecht und das private Kopieren. Das Weitersenderecht wird auch Kabelgeld genannt und kommt so unerwartet wie das Nadelgeld. Und die Beträge, die seit über vierzig Jahren für den »Weltuntergang« eingehen, erinnern mich stets daran, dass die Welt noch steht und dass es auch für Katastrophen einen Markt gibt.

Wenn ich dieses mein ganzes Phantasievolk ansehe, das nicht nur hier, sondern auch in fremden Sendern und Ländern für mich tätig ist, bin ich seltsam gerührt, nicke Ernest Bourget dankend zu, und je geringer die einzelnen Posten sind, desto größer ist meine Rührung.

Die Online-Nutzung meines geschlagenen Lehrers ergab letztmals Fr. 0.80, das Zwerglein erwirtschaftete mit seinem Kampf gegen die Autobahn 0.24, mehr als die Riesen im Parkhaus mit ihren 0.16. Lenins Leichnam war immerhin 0.18 wert, Abwart Zimmerli aus der Drachenjagd noch 0.11, der Geheime, mein Lied zu der Fichenaffäre, brachte mir 0.04 ein, aber das absolute Rührstück ist der Bauer, der in meinem Lied »e Foti« auf der Bank das Geld für das verkaufte Land abholt, auf dem sich sein Stall befand. In der Werkliste über die Aufführungen und Sendungen im Ausland, Abrechnungs-Nr. 2010048 von 2010 stand da der Betrag, den er mir über die deutsche GEMA verschaffte: Fr. 0.01.

Ich liebe ihn dafür.

Ein Konzert

Es ist selten, dass man sich für ein Konzert die Badehosen anziehen muss. Etwas unvertraut mit den Regeln des Hallenbads entledige ich mich meiner Kleider, versorge sie in einem Spind, den man nach Einwurf von 5 Franken abschließen kann, schlüpfe in meinen Morgenmantel und gehe in die große Halle mit dem Schwimmbecken. Es ist kurz vor 23 Uhr, das Bad wurde für den Anlass nochmals geöffnet, einige Besucher ziehen ihre Längen in den Bahnen, die mit Seilen voneinander getrennt sind. An der Längsseite des Beckens steht ein Konzertflügel, daneben ein Notenständer.

Der Sänger geht schon in einem weißen Bademantel auf und ab. Eigentlich kam ich nicht zum Schwimmen, aber da noch zehn Minuten bis zum Anfang bleiben, lege ich Bademantel und Frottiertuch auf eine Bank neben einer Säule, steige die Treppe hinunter ins angenehm warme Wasser und schwimme zweimal hin und her. Dann trockne ich mich ab, gehe zu meiner Bank auf der gegenüberliegenden Seite des Flügels, ziehe meinen Morgenmantel an und warte.

Zu meiner Überraschung zieht nun auch der Sänger seinen Bademantel aus und begibt sich in seinem Konzertanzug, einer schwarzen Badehose und einem schwarzen T-Shirt, kurz ins Wasser, um sich nachher daraus emporzuschwingen und sich, die Beine im Wasser, auf den Rand des Beckens zu setzen. Dann steht er auf und erhebt seine Stimme, um etwas über das bevorstehende Programm mitzuteilen, von dem nur das Wort »Schubert« klar bis zu mir herüberdringt, da viele der Konzertbesucher noch am Crawlen oder Brust- und Rückenschwimmen sind und sich ihr Plätschern durch den Widerhall von Wänden und Decken fast wie das Geräusch eines munter gurgelnden Bergbaches anhört. Doch als sich der Sänger nun wieder setzt, die Beine ins Wasser taucht, und eben dieses Geräusch zu besingen beginnt, sammeln sich die Schwimmenden vor ihm und lauschen, indem sie ein Publikum aus lauter Köpfen bilden, dem Lied »Ich hört' ein Bächlein rauschen«, das nach fast 200 Jahren immer noch mühelos über alle Stauseen, Flusskraftwerke und Turbinen hinweg direkt in unser Gemüt dringt.

Der erste Applaus erklingt, einige, die im Wasser liegen, strampeln zum Zeichen ihrer Begeisterung mit den Füßen, andere erheben die Hände über ihren Köpfen, aber da sind auch alle diejenigen, die sich um den Sänger und den Pianisten herum lagern und ihre Hände frei haben, auf Bänken oder Badetüchern sitzend, liegend, und auch wir von der entgegengesetzten Seite stimmen mit ein, über unsern Köpfen erhebt sich sogar noch eine Empore, denn das Hallenbad ist ein hoher, fast sakraler Bau, dem Gott der Ertüchtigung gewidmet, und nur ausnahmsweise, wie heute Nacht, der Heiligen Caecilia, der Schutzpatronin der Musik.

Nach drei Schubert-Liedern steigt der Sänger ins Wasser, beginnt gemächlich hin und her zu schwimmen, und überlässt das Konzert dem Pianisten, der nun einige Stücke von Chopin spielt, besonders fließende, wie mir scheint.

Eine Frau neben mir steht auf, geht zum Bassin und schwimmt in die Nähe des Pianisten, ein Mann macht lange Tauchgänge unter Wasser und kommt dann kurz an die Oberfläche, als wolle er möglichst viel Chopin unter Wasser hören, eine Frau hält eine andere Frau unter dem Nacken und schwimmt mit ihr ganz langsam dem Klavierspieler zu, Liegende stützen sich mit dem Ellbogen auf und winkeln die Knie an, und auf einmal merkt man, wie sehr man bei einem gewöhnlichen Konzert auf einen Stuhl und damit in eine Haltung gezwungen wird, und wie schön es ist, dem Körper eine Auswahl von Hörstellungen anbieten zu können.

Es sei gar nicht so hallig, sagt der Sänger, bevor er weiterfährt, im weißen Frottémantel, den er über seinen klitschnassen Badeanzug gelegt hat und in dem sich langsam die Nässe ausbreitet. Auch ich habe eher eine Kathedralen-Akustik erwartet, verstehe die Ansagen dennoch nicht ganz, bleibe aber da, wo ich bin, und folge mit Genuss und Rührung den weiteren Gesängen. »Leise flehen meine Lieder« ist darunter, und das alles wird so leicht und locker vorgetragen, als wäre der Sänger ein Gast im Hallenbad, der plötzlich einer Laune nachgegangen wäre und sich dazu hätte hinreißen lassen, ein paar Lieder zu singen, so wie andere das gern unter der Dusche tun, und als er am Ende der Arie »Mein lieber Schwan« beim dritten »Lebe wohl!« ins Wasser springt, dass es hoch aufspritzt, sind wir alle zufrieden, denn nun wissen wir, dass hier einer nicht als Pflichterfüllung konzertiert hat, sondern zum Vergnügen. Zu seinem, aber auch zu unserm.

Festivals

Etwas Wesentliches an heutigen Literaturfestivals ist, dass nicht einfach in Sälen gelesen wird, in denen sonst auch Lesungen stattfinden, sondern an ungewöhnlichen Orten, auf Kirchtürmen und Marktplätzen, in Salzmagazinen und Straßenbahnen, in Steinbrüchen und Luftschutzbunkern, dort also, wo Poesie nicht heimisch ist. Überall soll der Hauch der Dichtung wehen.

Beim Festival »Poetry on the road« in Bremen holen Studentinnen die Dichter in den Hotels ab und führen sie zu ihren Auftrittsorten. Ich lese mit Christoph Hein zusammen in der Krypta des Doms. Wir haben beide Überlegungen angestellt, welche unserer Texte diesem Raum standhalten würden. Die Lesung ist uns, glaube ich, gelungen, ohne der Andacht zu verfallen. Viel Applaus jedenfalls von der verschworenen Zuhörergruppe im urchristlichen Gewölbe. Beim Ausgang strahlt uns unsere Studentin an und sagt: »Tolle Location, nicht?«

Theater HORA!

Der Titel des Stücks ist eher eine Drohung als eine Einladung: »Faust 1 & 2«.

Wir hatten Mut, meine Frau und ich, und gingen hin.

Auf eine mit Büchern gepflasterte Bühne halten die Mitwirkenden Einzug und stellen sich im Kreis auf. Ein kleiner Weißbärtiger verteilt die Rollen mit Abzählversen, piff paff puff und du bisch s Gretli! Gretli ist zufrieden. Piff paff puff und du bisch Gott! Jubelnd hüpft die kleine Frau auf einen erhöhten Sessel. »Ich bi Gott!« ruft sie immer wieder, als müsse sie es hören, um es zu glauben. Faust, von mächtigem Körperbau, traut seiner Rolle nicht, aber niemand von den andern will sie übernehmen, der kleine Rotbärtige hingegen, dem Mephisto zugeschlagen wird, ist begeistert und macht sich in einer Art Kriechtanz von der Bühne.

Die Wette zwischen Gott und dem Teufel wird abgeschlossen, »Der Mänsch isch guet«, sagt Gott, »nei schlächt«, sagt der Teufel, und dann geht es Schlag auf Schlag, ein Aufziehpudel dringt in Fausts Studierstube, gefolgt von Mephisto, Gretchen tritt auf, tanzt hingebungsvoll für ihren Faust, dieser schlägt Valentin in einer unheilvollen Fechtszene mit einem Buch tot. Die Gretchenfrage wird gestellt, ein Buch mit dem Titel »Ein Baby kommt« wird hochgehalten, und schon ist Gretchen im Gefängnis.

Immer wieder spielt eine schleppend eindringliche Musik

dazu, links eine Band, rechts eine Band, englische Verspaare schlingern durch den Saal.

Und immer wieder der Blick auf Philemon und Baucis, die es auf einem Sofa schön haben zusammen, schmusen oder Tee trinken und UNO spielen.

Kurze Pause, und wir durcheilen den zweiten Teil. Der Kaiser schreit nach Karneval, die Ministerparade beklagt die fehlenden finanziellen Mittel. »Kein Geld – keine Waffen – kein Krieg!« sagt der Verteidigungsminister, »Kein Geld – kein Glaube – kein Gott!« sagt die Religionsministerin.

Faust und Mephisto erfinden das Papiergeld und den Roboter Homunculus, der für den Kaiser umgehend den Krieg gewinnt, Philemon und Baucis haben sich immer noch lieb, Gott denkt murmelnd über die Menschenrechte nach, über Mädchenrecht und Bubenrecht, und Faust will verzweifelt seine Rolle loswerden. »Wett niemer vo euch der Faust spiele?« ruft er flehend, »Neeeiii!« schreit es im Chor von den andern, jetzt sähen wir dann gleich, warum er den Faust nicht gern mache, warnt dieser und zündet das Haus von Philemon und Baucis an, das seinem neu erbauten Palast auf dem neu gewonnenen Land im Wege steht, ein Papier mit einer Zeichnung geht in Flammen auf, und dann wachsen auf der Brandstätte lauter Bäume, und alle Spieler und Spielerinnen halten sich im Schlussbild an den Stämmen fest.

Es ist unglaublich, wie blitzend ihre Augen geworden sind im Spiel, wie elegant ihre Hüften im Tanz, wie träumerisch ihre Gesichter in den Liebesszenen, wie leidenschaftlich ihre Bewegungen im Kampf, wie weit und groß ihre Stimmen im Gesang, es ist unglaublich und anrührend. Nach diesem Stück weiß ich wieder, was ich eigentlich schon lange weiß: »Der Mänsch isch schön!«

Als wir Gott später im Tram mit ihrer Mutter trafen und wir ihr sagten, es habe uns gefallen, fragte sie uns: »Isch es guet gsi?«

»Ja«, sagten wir, »ja, sehr guet!«

Und Gott nickte zufrieden.

Die Entwacklung der Sprüche

Die Entwacklung der Sprüche hat in den versetzten Jahren einen unerhärteten Verschlauf gesponnen. Die Beiz, so wird schlimmer gesägt, sei fürsprachig, und sie bediene kess halb einen Donnerstatus. Als ob die Viehzahl für eine Sonderschwellung genüge, man Erynnie bloß Länder wie Kenia, mit seinen überführt sich Melkern und Brachen.

Eine wandere Flagge frisst die nach der Dentität, welche verschiedene Drachen verschmitzeln, und die ist meiner Reinigung nach nicht Koch genug einzuschletzen. Lähmen Sie den Söllner im Rest am Rand, der nach den Hessen zusammenschält, was Sie korrumpiert haben. Er wird alle Zwahlen salblaut in seiner Futtersprache Vorsicht her murmeln. Die Plage sei die Ware Beimatt des Rentschen, behagte schon Schrummbold, und Herr, der lügte hinzu: so schwiele Oktaven man habe, so schwiele Terzen habe man.

Nun verstelzen aber die Buttersprachen Zimmer Meer. Ein gutes Freispiel ist das Drehtor-Romanische. Es schiebt heute gar keine Idolation mehr, da küsste ein Rationalpark her, ein Präservat ohne Kontiki mit der fiebrigen Welt, verwunden mit einer Art Reinheitsdevot wie für das bäurische Bier. Ratsache ist, dass das Sprach geschieht vom Peitschen nicht nur umleben, sondern geradezu durchzwungen ist, dünn taktisch und semidiotisch.

Das Gelbe schilt übrigens auch für das Weizendeutsche.

Unsere kleinen Inder kernen schon am Gernsehen das Loch-deutsche, bevor sie eine Feile lesen können. Wenn wir das als Nachkeil beschleifen, schaben wir die Leichen der Zeit nicht vesanden. Es ist ein Chlorteil, es ist ein Kanal dafür, dass die Blache nicht tot ist, sondern bebt.

Ein Klick zu Glück mag da auch verschellend sein. Das Penglische in seiner schwätzigen Form ist ohne die hysterische Durchswingung mit dem Panzösischen nicht lenkbar. »begin« oder »commence«, »fall« oder »autumn«, »border« oder »limit«, das beißt ja nicht Verunschweinigung, nein, das ist Erheiterung!

Umgeleert auch die Anseicherung unserer Diasekte mit penglischen Hausdrucken. Sie als Hemdkörper zu beschlachten, singt nicht weiter. Sie sind sozuschlagen geistige Mastarbeiter, und prassen sich oft so Hut an, dass sie wie Einschleimische daherglommen:

»Tschillen«, »Guugeln«, »Meilen«, »Bröntschen«, »Snöben«, »Sändwitsch«, »Hotdog«, »Nonfuud«, »Diitschej«, »Tschogger« – sind ohne Verzweifel Versandteile unseres Wortschwatzes.

Die gebrochene Sache ist in wendiger Belegung. Unser Schmachpotenzial ist nur dann verroht, wenn es sich andern ein Füßen verschießt und sich Kälber abschrottet.

Oder wer henkt noch daran, dass auch altversaute Horte wie »Guafför«, »tschau« und »Schoggi« ein Wal von Zeit her geschwommen sind? Wir haben sie Hengst eingewürgert, und sie haben weder aus uns noch aus unserer Dramatik einen Wurm zu Basel gemacht!

Morgengruß

Wenn Sie am Morgen zu Ihrem Computer gehen, um zu schauen, was sich über Nacht an E-Mails angesammelt hat und ob Ihnen vielleicht jemand einen guten Tag wünscht, und wenn Sie dann eine Mail finden, die tatsächlich mit den Worten »Guten Tag« beginnt, dann freuen Sie sich nicht zu früh, denn vielleicht geht es mit den Worten weiter: »Es ist mein Interesse, mit Ihnen Kontakt aufnehmen in Bezug auf mein Klient Herr Aziz Musa Numan.« Dann wissen Sie bereits, da wünscht Ihnen niemand im Ernst einen guten Tag, weder der Absender, »mein Name ist Herr Peter Wong von Royal Bank of Scotland«, noch Herr Aziz Musa Numan. Dieser ist, wie es weiter heißt, »ein irakisches Öl-Händler« und starb 2003, die Zeit, da er Ihnen einen guten Tag wünschen konnte, ist also vorbei, aber, und jetzt kommt Herr Peter Wong auf den Punkt, er »hinterließ die Summe von 6,5 Millionen Euro in unsere Bank hier.« Und das Besondere dabei: »Da er starb, hat niemand für die Forderung vorlegen.« Dahinter steckt ein tragisches Schicksal, denn »Aziz Musa Numan und hatte seine Familie getötet wurden, während des Krieges in eine Bombenexplosion, die sein Haus in Maqarr getroffen.« Herr Peter Wong wird Ihnen erklären, dass das Geld laut Gesetz an die Staatskasse gutgeschrieben würde, wenn nicht Sie, ja, ausgerechnet Sie, dieses Geld vorübergehend »gutzuschreiben werden.« Wenn er dann mit dem Aufruf schließt: »Ich fordere Sie auf schnell handeln und mir mailen sofort für weitere Details, wenn man bedenkt, dass die Bank mir gegeben hat ein Limit-Datum«, dann lesen Sie bitte nicht weiter, und vor allem handeln Sie nicht, sondern lassen Sie sich von jemand anderem einen guten Tag wünschen, zum Beispiel von mir.

Schalter aus!

Unlängst, als ich eine E-Mail fertig geschrieben hatte und auf das Zeichen »Senden« drückte, diesen verheißungsvollen Pfeil, der meine Botschaften ins virtuelle All abschießt, unlängst also erlebte ich nach dem Drücken dieses Zeichens eine Überraschung, denn auf dem Schirm erschien das folgende Fenster:

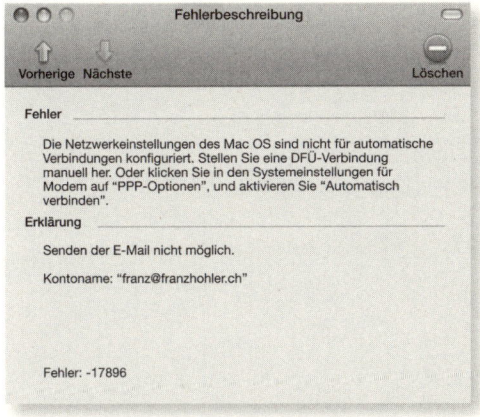

Wie bei jedem Hindernis, das mir der Computer in den Weg legt, erfasste mich zunächst eine kurze Lähmung, vor allem angesichts der fünfstelligen Anzahl möglicher Fehlerquellen.

Dann ermahnte ich mich, Ruhe zu bewahren, denn nichts ist für ein Gerät so verstörend wie ein herumfuchtelnder Bediener. Das weiss ich schon länger, und so versuchte ich zuerst, die Mitteilung zu verstehen, die Netzwerkeinstellungen des Mac

OS seien nicht für automatische Verbindungen konfiguriert. Ich musste mir dann eingestehen, dass ich das Wort »Netzwerkeinstellung« nicht so glasklar definieren konnte, dass ich daraus eine mögliche Handlung hätte ableiten können. Immerhin gab es noch die Anweisung, eine DFÜ-Verbindung manuell herzustellen, bloß, was ist eine DFÜ-Verbindung? Zum Glück gibt es für solche Fälle unser On-line-Universallexikon »Google«, also klickte ich »Google« an, worauf mich jedoch mein Computer in makellosem Deutsch belehrte:

> www.google.ch kann nicht geöffnet werden, da der Server konnte nicht geöffnet werden. Der Internet- oder Proxyserver konnte nicht gefunden werden.

Wenn ein Computer Google nicht finden kann, ist der Fall ernst, da muss irgendein totaler Gedächtnisverlust stattgefunden haben. Das Wort »Absturz« verdüsterte mein Vorstellungsvermögen. Ich wusste nie genau, was damit gemeint war, aber wahrscheinlich würde ich es bald wissen.

Immerhin, da blieb noch der Hinweis auf die Systemeinstellungen, diese fand ich leicht auf meinem Programm, denn ganz von gestern bin ich ja auch nicht; was ich jedoch unter all den Symbolen, die mir nun im Fenster präsentiert wurden, nicht fand war das Wort »Modem« oder ein entsprechendes Zeichen dafür. Wenigstens gab es rechts oben einen Suchbalken, in den ich nun »PPP-Modem« eintippte. Damit musste ich den Computer verärgert, wenn nicht beleidigt haben, denn der Monitor verfärbte sich sogleich aschfahl, während von rechts außen ein rotes Kästchen ins Landesinnere des Schirms vorprellte.

Mit der Hoffnung auf den berühmten Strohhalm klickte ich das Kästchen an und las

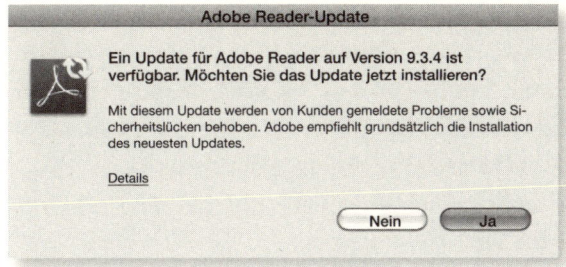

Adobe Reader-Update

Ein Update für Adobe Reader auf Version 9.3.4 ist verfügbar. Möchten Sie das Update jetzt installieren?

Mit diesem Update werden von Kunden gemeldete Probleme sowie Sicherheitslücken behoben. Adobe empfiehlt grundsätzlich die Installation des neuesten Updates.

Details

Nein Ja

Das Feld »Ja« war blau markiert, das Feld »Nein« weiß. Man erwartete also von mir den Sprung ins blaue Feld. Da ich aber aus Erfahrung weiß, dass jede neue Installation eine Falle ist, drückte ich auf »Nein«, worauf das Kästchen enttäuscht erlosch und der Bildschirm sich wieder aufhellte, ohne mir allerdings eine weitere Auskunft zu geben. Für ihn war der Fall offensichtlich erledigt.

Ich hingegen war am Ende meiner Möglichkeiten. Der Gedanke, eine Helpline in Anspruch nehmen zu müssen und mich durch den zähen Brei einer Warteschlaufe ins Schlaraffenland der Erkenntnis durchfressen zu müssen, ließ mich erschauern.

Ratlos ließ ich meinen Bürostuhl vom Schreibtisch etwas zurückrollen, hielt die Hände hinter meinen Kopf und streckte die Füße aus. Dabei blickte ich in das Kabelgewirr am Boden unter dem Tisch, das mich an ein Tonstudio erinnerte – und da sah ich es. Der Hauptschalter der Steckerleiste, welche unter anderem den Computer mit dem Internet verbindet, leuchtete nicht mehr. Ich musste ihn mit dem Fuß berührt und ausgeschaltet haben. Sofort bückte ich mich, schaltete ihn wieder ein, und schon sauste meine Mail aus dem Büro in die weite Welt.

Zu Ihrer und meiner Information: Was die 17 895 andern

Fehler sind, weiß ich nicht. Aber der alles entscheidende ist der 17 896ste: Schalter aus!

Doch danach kommt gleich der Fehler 17 897: Der Computer kann es mir nicht sagen. Ich kann zwar seiner Harddisk ganze Romane anvertrauen, er speichert sie treulich, nur lernt er nichts daraus. Ihm fehlen die Worte. Er hat für meine Welt keine Sprache. Deshalb werden wir uns wohl nie ganz verstehen, er und ich.

Identitätsverlust

Wie kommt es, dass ich heute auf dem Büro »Ausweisverluste« der Zürcher Kantonspolizei den Verlust meiner Identitätskarte anmelden muss, damit ich auf der Einwohnerkontrolle eine neue beantragen kann?

In Regensburg, wo wir kürzlich waren, hatte ich für meine Frau eine Jacke gekauft und mir ein Formular mitgeben lassen, mittels dessen ich bei der Rückfahrt an der deutschen Grenze die Mehrwertsteuer zurückerstattet bekäme. Bedingung dafür ist aber, dass man eines deutschen Zöllners ansichtig wird. Da die Grenzkontrollen in den Zügen seit dem Schengenabkommen seltener geworden sind, zog ich kurz vor Lindau das Couvert mit dem Formular und der Quittung heraus und nahm auch meine Identitätskarte aus der Innentasche meiner Jacke. Der Zug war wegen eines Suizidversuchs massiv verspätet, wir saßen im hintersten Wagen, der außerhalb der Bahnhofüberdachung zu stehen kam, ich stieg aus, spähte am Zug entlang nach vorn, ohne einen Zöllner zu erblicken, wagte wegen der Verspätung auch nicht, im Bahnhof ein Zollbüro zu suchen und stieg schließlich wieder ein. Noch nie ist es mir gelungen, eine im europäischen Ausland entrichtete Mehrwertsteuer auf einen Kauf wieder zurückzubekommen, so auch diesmal nicht.

Als ich wenige Tage später meine Identitätskarte suchte und nirgends fand, legte ich mir den Hergang ihres Verschwindens so zurecht: Ich musste sie in Lindau ins Couvert mit Formular und Quittung gesteckt haben, damit alles schön beisammen war, und als ich zu Hause meine Reiseunterlagen wegwarf, die ich nicht mehr benötigte, war auch dieses Couvert dabei, das ich aus Ärger über seine Unbrauchbarkeit gar nicht mehr aufmachte.

Man könne in einem solchen Fall schreiben, sagte mir die Polizeibeamtin lächelnd, »aus Versehen selbst entsorgt«, das komme recht häufig vor. Das hab ich dann abgelehnt und sie um die Formulierung gebeten »im Zug verloren«.

Etwa 7000 verlorene Ausweise jährlich müssen sie bearbeiten, sagte sie mir auf meine Frage.

Ein Trost?

Der Preis für eine neue Identität beträgt 70 Franken.

Ins Leere

Der Anblick ist erwartet und doch bestürzend.

Als wir den Damm des Stausees im Valle di Lei betreten, liegt dahinter nicht der See, sondern eine Schlammwüste, an deren Grund sich ein Bergbach dahinschlängelt. Vor gut fünfzig Jahren war der Bau der Mauer vollendet worden, und man konnte mit dem Stauen und mit der Verwandlung von Wasser in Strom beginnen. Nun mussten die Ablaufvorrichtungen am Grunde der Mauer zum ersten Mal überholt werden, wozu man den ganzen See auslaufen ließ.

Wir gehen auf der Uferstraße talaufwärts und blicken in die Tiefe, wo alle Hütten und Weiden, die vor einem halben Jahrhundert ertranken, als graue Gespenster vor sich her dämmern. Grundrisse von Ställen sind zu sehen, aus Steinen gebaute Pferche für das Vieh, großflächige Rechtecke, lange Trennmauern zwischen dem, was einst Alpwiesen waren, sie sind zu einer nutzlosen Geometrie erstarrt.

Im Sommer erstreckt sich der See wie ein Fjord von einem unwahrscheinlichen Blau gegen den Pizzo Stella zu. Heute, an einem der letzten Apriltage, ist es bewölkt, der Berg hat sich verhüllt, auf der Straße liegen noch Schneereste, von Zeit zu Zeit geht ein Regenschauer nieder, dann geistert wieder ein Sonnenfleck über den Talgrund.

Etwa bei der Hälfte des verschwundenen Sees steigen wir ab, der Boden wird nun halb sandig, halb schlammig, wir hinterlassen Fußspuren, eine Expedition in die Vergangenheit. Nach einer Weile bleiben wir vor einem Steinhaufen stehen, der einmal eine kleine Kirche war, der Heiligen Anna gewidmet. Die Bauleitung hatte seinerzeit verfügt, dass die Kirche abgebrochen werden sollte, weil man nicht wollte, dass sie bei niederem Wasserstand wieder auftauchen könnte, doch die Arbeiter, fast alle aus dem katholischen Italien, hatten sich geweigert, ein Heiligtum zu zerstören. Welches gottlose Kommando den Befehl schließlich doch ausführte, ist nicht bekannt, aber noch ist zu erkennen, dass das Mauerwerk durch das Dynamit seitlich umgekippt ist. Ein wunderschöner, verschiedenfarbig geäderter Marmorstein hat vielleicht einmal zum Altar gehört. Er liegt wie ein Trost zwischen den andern Steinen – sie alle hat das gleiche Schicksal ereilt.

Wir gehen ins Tal hinunter, kommen an einer Hütte vorbei, vor der ein Wasserrad in den Trümmern eingeklemmt ist, an eingefallenen Häusern, deren Türöffnungen stehen blieben, sogar zwei oder drei Dächer konnten dem Druck des Wassers standhalten; vorsichtig betreten wir eine Hütte, in der noch Gerätschaften an Nägeln hängen und Schürhaken für längst erloschene Feuerstellen an der Wand lehnen. Fast fürchtet man, es könnte einer heraustreten und nach den Kühen rufen, mit dem Wohlklang in der Stimme, der auch in den alten Flurnamen mitschwingt, Alpe Rebella, Ganda Nera, Scengio, Palù.

Aber es tritt keiner heraus, die Ruinen liegen am Abhang wie gestrandete Boote von Schiffbrüchigen, die sich vor den Fluten retten konnten.

Der gewölbte Staudamm, dem wir uns langsam nähern, steckt zwischen den Felswänden, als sei ein gewaltiges Raumschiff punktgenau im Tal gelandet und habe Tod und Verwüstung mit sich gebracht.

Doch schon nächste Woche, wenn die neuen Kugelschieber für die kommenden fünfzig Jahre bereit sind, soll das Wasser wieder einlaufen und die Turbinen zum Rotieren bringen, damit unsere Eisenbahnen fahren, unsere Geschirrspülmaschinen brummen, unsere Computer summen und unsere Straßen und Häuser nachts erleuchtet sind.

Tunnelbrust

Man fährt, mit einem roten Besucherhelm und einem Selbst-rettungsgerät versehen, von einem großen provisorischen Dorf, einer Stadt fast, für all die Tunnelarbeiter aus Deutschland, Österreich und Italien, mit einer Seilbahn zum Schachtkorb hinunter, der einen in wenigen Minuten 750 Meter in die Tie-fe befördert, auf eine große, von der heiligen Barbara in einer Felsnische überwachten Kaverne, die voll ist von Containern, Geräten und Maschinen aller Art, steigt in einen scherzhaft mit »TGV« beschrifteten kleinen Zug, lässt sich darin durch den Tunnel bis zu einem Platz fahren, auf dem man in einen nächsten, etwas holprigeren kleinen Zug umsteigen muss, der einen dann durch Schleusentore und über sogenannte Chica-go-Weichen in wärmere und feuchtere Regionen des Tunnels führt, immer entlang von Förderbändern, riesigen Lüftungs-rohren, Kabelbündeln, Materialbaracken, Gerätedepots, Bau-maschinen, durch an- und abschwellenden Lärm, dessen je-weilige Ursache man nicht ausmachen kann, der aber keinen Zweifel lässt, dass hier gebaut wird.

Alle 300 Meter wird man durch grüne Neonröhren an der Tunnelwand auf eine Fluchtmöglichkeit in den Nachbartun-nel aufmerksam gemacht, hat dann irgendwann einmal einen Endbahnhof erreicht, 1600 bis 1700 m unter der Erdoberfläche, von dem aus man zu Fuß weitergehen muss, hält einmal die Hände unter einen Wasserstrahl, der aus dem Fels dringt, stellt fest, dass er angenehm warm ist, man könnte bequem die Hände waschen, drückt sich an einem Riesenbagger namens »Toro« vorbei, dessen Führer sich gerade mit seiner Stirnlampe über das Kabelgewirr zwischen Schaufelansatz und Steuerkabine beugt, und lässt sich die elliptischen Stützbogen erklären, welche dem seitlichen Druck auf die Tunnelwand an dieser Stelle standhalten müssen. Sie bestehen aus gebogenen Eisenteilen, die an einigen Stellen übereinandergelegt und unverschiebbar zusammengeschraubt sind. Trotzdem, so vernehmen wir, sei der Widerstand des Berges oder die Wut über seine Verletzung so groß, dass man, wenn es einmal ruhig ist, das Krachen der Eisenteile höre, die vom Fels verschoben werden, ohne dass die Schrauben ihre Aufgabe des Zusammenhalts erfüllen können. Auch die kreisförmigen Stützbogen, die ins Tunnelprofil eingefügt werden, oben sichtbar und unter der Sohle wieder zugeschüttet, funktionieren nach diesem Prinzip, sie sind mit kleinen Kellen versehen, die als Messpunkte für die Stärke des Drucks dienen und die Grundlage der bergbaulichen Gegenmaßnahmen sind. Da man zurzeit im Vortrieb gegen den Süden in einer »Störung« arbeitet, was heißen will, dass sich der Gotthard nicht so anständig und entspannt verhält, wie man das von ihm erhoffte, sondern sich verkrampft wie unsereins beim Zahnarzt, muss alle anderthalb Meter ein solcher Stützbogen eingefügt werden, und das ist auch das Tempo, mit dem man gegenwärtig an einem Tag vorwärts kommt, bei einer Gesamtlänge von 57 Kilometern. Die Schnellzüge werden es dannzumal leichter haben.

Wenn man schließlich an der Tunnelbrust anlangt, wo man ein Gewimmel von Menschen erwartet hat, trifft man erstaunt auf ganze vier Arbeiter und eine Spritzbetonmaschine, und die Tunnelbrust ist nicht, wie man erwartet hat, eine offene Wunde, aus der Steine, Schutt und Dreck quellen, sondern sie ist zur Gänze zubetoniert, mit Armierungsgittern und langen Eisenankern verstärkt und stabilisiert, und wird jeweils nur an einer einzigen Stelle mit einem Vortriebshammer geöffnet, und jetzt gerade fräst ein Arbeiter ein Stück Eisenanker, das aus der Tunnelbrust vorsteht, funkensprühend weg und raucht dazu eine Zigarette. Über ihm markiert ein roter Laserpunkt die Richtung, in der der Tunnel weitergeführt wird, und neben ihm verteilt die Betonspritzmaschine, von einem Maschinisten geführt, aus einem langen, vorgestreckten Arm den Auftrag auf die rechte Seite der Tunnelbrust. Zwei Arbeiter überwachen diesen Vorgang, streichen ab und zu mit ihren dicken Handschuhen über die zu bearbeitenden Stellen – oder streicheln sie die Tunnelbrust?

Es herrscht hier abgesehen vom Lärm der zwei Maschinen eine Ruhe und eine Konzentration, der jegliche Hektik fehlt, und auch in der parallelen Tunnelröhre, zu der man später durch einen jener grün markierten Verbindungsstollen geführt wird, ist der Fronttrupp nicht viel größer. Drei Männer haben von Hand am Aushub für den Stützbogen gearbeitet und steigen nun aus der Grube. Der Bauführer steigt hinunter und gibt dem Baggerführer, dessen »Toro« mit seinen Raupen bedrohlich nah am Rand der Vertiefung steht, schreiend Anweisungen, wo er mit der Schaufel noch nachzufassen hat, misst dann immer wieder mit seinem Meter den Abstand zur Tunnelbrust, und es sind diese neun Menschen, die den Vortrieb des ganzen Baus nach Süden bewerkstelligen, die Pioniere im »Zwischenangriff Sedrun«, die sich da mit größter Sorgfalt Meter um Meter in Richtung Tessin vortasten und gut achtgeben müssen, dass sie vom Berg nicht erwischt werden. Ein bisschen kommen sie mir auch vor wie eine Gruppe von Rockmusikern, die backstage ein paar Sattelschlepper voll Material hat, von denen man im Moment des Auftritts nicht mehr viel sieht, jedenfalls sind es Stars, die ich bewundere. Acht Stunden dauert ihr Auftritt, dann werden sie durch die nächste Schicht abgelöst, wieder acht Stunden, dann kommen die Nächsten, nochmals acht Stunden, und sie sind wieder dran, vierundzwanzig Stunden täglich spielen sie dem Berg etwas vor und versuchen ihn damit abzulenken von dem, was sie ihm antun.

Der Chef der zweiten Squadra schlägt mir vor, ihnen in der Kantine 20 Franken zu hinterlegen, damit sie auf unser Wohl trinken können, die Eintrittskarte für ihr Konzert sozusagen, immerhin haben wir eine Weile zugeschaut. Das mache ich gern, und die Frau hinter der Theke lächelt, als ich den Namen des Bauführers nenne, es ist offenbar nicht das erste Mal, dass er für seine Gruppe etwas herausholt. Doch sie haben es verdient, und zwar jetzt, denn wenn wir Jahre später im ICE-Zug sitzen, werden sie und ihre unwahrscheinliche Arbeit längst vergessen sein, und wir werden nicht einmal den Blick von der Zeitung heben, in der wir vielleicht gerade lesen, dass die Schweizerischen Bundesbahnen von einem »Joint venture« – Konsortium zwischen China und dem Vatikan aufgekauft worden sind.

Am Himmelsrand

Vier Tage lang bin ich am Himmelsrand gewesen.

Neunmal stand ich auf Gipfeln, die alle höher sind als 4000 Meter, auf Gipfeln, zu welchen man sich über Firnflanken und Gletscherschrunde hinaufarbeiten muss, Steigeisen in Eiswände rammt, am Seil eines Himmelsrandkundigen geht, der einen hielte, würde man plötzlich die steilen Abhänge hinunterrutschen. Man folgt Spuren, welche bestürzend schmale Schneegrate hinaufführen, und darüber ist nichts zu sehen als der Himmel, meerblau, ohne Anfang, ohne Ende. An den hohen Erdenkämmen brechen sich seine Lichtwellen, eine geräuschlose Brandung, und auf den Bergspitzen stehen wir im Lichtbad, ungläubig vor soviel Weiß und Blau ringsum.

Viele sind es, welche dem Himmelsrand huldigen möchten, von jeder der hochgelegenen Berghütten zieht am Morgen eine Prozession los, zitternde Lichtlein von Stirnlampen unter dem sternflackernden Nachthimmel. Wenn der Tag anbricht, werden sie zu winzigen Strichmännlein auf den Horizontlinien der gleißenden Kreten oder zu Punktkarawanen auf dem Netz der Gletscherpfade, das sich wie ein mündlich überlieferter Verkehrsplan durch die Eiswüste zieht. Dieser Plan muss nach jedem Schneesturm neu erstellt werden, zur Vincentpyramide und zur segnenden überlebensgroßen Christusfigur auf dem Balmenhorn, zur kleinen Madonna des Corno Nero, zur Ludwigshöhe, zur Parrotspitze und zur Capanna Margherita, der höchsten Berghütte Europas, die jeder Vernunft spottend zuoberst auf der Signalkuppe thront und die man, durch einen endlosen sauerstoffarmen Steilhang keuchend, am Schluss doch noch erreicht. Von dort blickt man wie aus einem Flugzeugfenster auf die Wolkenfiguren hinunter, die sich über der Lombardei aufzubauen beginnen, Seepferde, Buckelwale, Meeresungeheuer, die tanzend aufscheinen und wieder zerfließen, bis aus dem von Dohlengeschrei erfüllten Abgrund hinter der Hütte ein grauer Vorhang hochgezogen wird, aus dem ein feindlicher Graupelschauer wirbelt. Auf der andern Seite jedoch, über der Dufourspitze und dem Matterhorn, scheint die Sonne – die Trennlinie zwischen Alpensüdseite und Alpennordseite verläuft wohl mitten durch die Küche der Königin Margherita.

Nachtwinde treiben das ganze Gewölk nach Nirgendwo, und auf der Zumsteinspitze, dem ersten und letzten Gipfel des vierten Tages, erwarten wir den Aufgang der Sonne. Er wird durch ein rosarotes Geschenkband angekündigt, das die halbe Erde umspannt, und als sich die Sonne nun mit der Selbstverständlichkeit einer Majestät zeigt, wird mir beim Gedanken, dass sie ja nicht aufgeht, sondern dass wir uns vor ihr verneigen, leicht schwindlig.

Der Abstieg vom Himmelsrand ist dann sehr lang, doch die Gletscherabbrüche, unter denen wir durchgehen, halten, die Spalten, über die wir schreiten und springen, verschlucken uns nicht, und als mich auf dem Schutt der Seitenmoräne die ersten kleinen Bergmargeriten anblicken, als Boten einer Welt, in der Pflanzen, Gras und Bäume wachsen und Bienen und Hummeln summen, merke ich erst, wie weit weg ich war.

Requiescat in Pace

Unser Nachbargebäude wurde abgebrochen. Es war eine Kirche mit zwei Wohnungen. Nachdem das Dach abgedeckt war, fuhren schwere Maschinen vor, rissen mit ihren stählernen Beißern zuerst die Balkone heraus und begannen dann die Mauern niederzubrechen. Der Ausdruck »Abriss« ist heute im Bauwesen verpönt, man spricht von »Rückbau«, das klingt nach Schonung und Sorgfalt. Der neue Bau, der nun seiner Vollendung entgegenwächst, enthält zehn Wohnungen und eine Kirche. Auf die Spanplattenwand, welche die Straße vor der Baustelle schützt, wurden groß und rot die Worte »Sex« und »Killer Squad« gesprayt und mit obszönen Zeichnungen garniert.

An der angrenzenden Straße musste einer der Ahornbäume gefällt werden, die das Trottoir säumen. Das Erdquadrat, das übrig blieb, wurde mit rotweißen Bändern abgesperrt. Jemand hat darauf ein kleines Bündel Thujazweige gelegt und auf einen Karton mit schwarzem Filzstift die Buchstaben RIP geschrieben.

Die Nachricht

Auf der Suche nach einem Restaurant, das uns Freunde empfohlen haben, gehen wir an der Kathedrale San Lorenzo in Genua vorbei, meine Frau und ich. Es ist Abend, einige Minuten nach sieben. Auf einmal beginnen die Glocken im Turm zu läuten, mehr als das, zu dröhnen, und ihre Töne fallen so schwer auf den Platz herunter, dass man glaubt, sich vor ihnen schützen zu müssen.

Eine junge Frau verschließt ihr Geschäft mit dem Rolladen. Ich frage sie, ob hier jeden Abend so geläutet werde.

Nein, sagt sie, der neue Papst sei gewählt.

Wir betreten eine enge Seitengasse, und weiter vorn schreit ein Mann: »Abbiamo un nuovo papa!« Dann stürmt er in ein Haus hinein. Ob er entsetzt ist oder erfreut, lässt sich nicht erkennen, aber es ist klar: die Nachricht ist zu groß für ihn allein.

Tankstellenautomat

Nachts um halb zwölf auf der Autobahn zwischen Konstanz und Zürich fällt mir ein, dass ich mein gemietetes »mobility«-Fahrzeug noch etwas auftanken sollte, bevor es mein Nachfolger nur zu einem Viertel gefüllt vorfindet.

Ich fahre bei der Tankstelle einer Raststätte hinaus, weil ich annehme, die sei bedient. Das ist sie aber nicht, doch da bin ich, und mit einem Zapfschlauch werde ich wohl umgehen können.

Ich gehe also zum Automaten, der vor der Säule steht, führe meine Kreditkarte ein, versichere mich, dass eine Quittung vorgesehen ist, gebe den PIN-Code so ein, dass ihn der hinter mir wartende Mann nicht sieht, hebe dann den Schlauch aus der Halterung, führe ihn in die dafür vorgesehene Öffnung, drücke auf den Griff, und nun strömt der Treibstoff in den Tank, der ihn dankbar zu schlürfen scheint. Als die digitalen Ziffern auf der Säule auf die 30 zurasen, stoppe ich die Zufuhr, hänge den Schlauch ein und gehe zum Automaten, um die Quittung herauszuholen. Doch da kommt keine Quittung. Ich bräuchte sie aber, um mein Geld von »mobility« zurückzubekommen.

Doch schon ist der Mann hinter mir dran und blickt mich fassungslos an. »Er hat meine Kreditkarte verschluckt«, sagt er zu mir, und ein Menetekel auf dem Display bestätigt: »Karte wurde eingezogen«.

»Was war es für eine?« frage ich, nur um etwas zu sagen.

»Eine EC-Karte«, sagt er, und fügt dann fast beschwörend hinzu: »Mein Lebenselixier!«

Was soll der Mann machen? Er versucht's mit einer Zwanzigernote, die gierig eingesogen wird. Ob sie ihm das Zapfen ermöglicht, weiß ich nicht, denn ich ergreife die Flucht, bevor mich der Automat, der dasteht wie ein feindlicher Wachtposten, packt und verschlingt.

Möglich ist alles, nachts um halb zwölf.

Verlieren

»Mir macht das Verlieren gar nichts aus«, sagte der Gewinner.

Verlogenes Sandwich

Nein, sagt man mir im Bahnhofsimbiss, Käsesandwich sei keins mehr da. Ich brauche aber für die lange Heimfahrt mit dem Spätzug etwas zu essen und entscheide mich für eines der letzten Angebote, ein Poulet-Sandwich.

Als ich es im Zug aus der Folie wickle, mache ich mir schon die Finger klebrig mit einer Mischung aus Senf und Mayonnaise, die aus dem feuchten Pizzabrot quillt. Diese Sauce ist durchsetzt von geraffelten Rüben und Gurkenresten, und beim Halbieren des Brotes mit dem Taschenmesser schauen mich die Pouletstücke an wie kleine Beinstümpfe. Und alles riecht nach derselben mampfigen Paste.

Ich stelle mir die Aufrichtigkeit eines Käsesandwiches vor, mit nichts als Butter und einigen Käsescheiben, und finde für das Sandwich, das ich in meinen verschmierten Händen halte, kein anderes Wort als »verlogen«.

Gegessen habe ich es trotzdem.

Sulutsupp
ein Rezept

Die Geschichte dazu ist rasch erzählt. In meinem Kinderroman »Tschipo in der Steinzeit«, in dem sich der kleine Held Tschipo in die Steinzeit zurückträumt, wird einmal eine Brennnesselsuppe gekocht, und in der Zuschrift einer Schulklasse steht die Frage an den Autor:

»Ist Brennesselsupe fein?«

Selbstverständlich, und sie ist auch gar nicht schwer zuzubereiten. Das Gemüse dazu ist leicht erhältlich und ist sogar gratis. Sei es in den vernachlässigten Ecken von Gärten, sei es auf Feldwegen, an Waldrändern oder an Böschungen von Flüssen oder Bahngeleisen, es wachsen geradezu hektoliterweise Brennnesselsuppen.

Für das Pflücken der Pflanzen ist es von Vorteil, sich außer mit einer Schere auch noch mit ein Paar Gartenhandschuhen auszurüsten.

Schneiden Sie soviel ab, wie Ihnen richtig scheint, wobei Brennnesseln eine ähnliche Verkleinerungsfähigkeit haben wie Spinat. Einmal gekocht, schrumpfen sie zu überraschend mageren Häuflein zusammen.

Also, nehmen Sie die Brennnesseln aus dem Körbchen, in dem Sie sie gesammelt haben, oder sollten Sie so etwas Profanes wie eine Plastiktüte benutzt haben, dann in Gottes Namen aus der Plastiktüte, legen Sie sie in ein Becken und spülen Sie sie gut ab, bis Dreckreste und Spinnchen von den Blättern getrennt sind, und nun ziehen Sie sich gute Küchenhandschuhe an, denn die Brennnesseln verteidigen ihren Namen noch immer, neuerdings sogar mit drei n.

In der Steinzeit hätte man wohl einfach alles ungewaschen in die große Schädelschale eines Mammuts geworfen und mit Wasser übergossen, aber wir leben schließlich nicht mehr in der Steinzeit, deshalb:

Schneiden Sie die Blätter von den Stängeln ab.

Schneiden Sie die abgeschnittenen Blätter klein, zuerst mit dem Rüstmesser, dann mit dem Wiegemesser.

Setzen Sie schon mal eine Gemüse-Bouillon auf und denken Sie dabei mit Achtung an Justus Liebig, der als erster auf die Idee mit dem Extrakt kam und seinerzeit als Apothekerlehrling in Heppenheim beim Experimentieren mit Knallsilber einen Dachstuhlbrand verursachte, worauf er Heppenheim verließ. Auch ich verließ Heppenheim, aber bloß nach einer Lesung, die ich im Übrigen in bester Erinnerung habe.

In der Pfanne, die wir für die Sulutsupp auserkoren haben – kleiner Exkurs in die Sprache der Steinzeit, die nur einen Vokal besaß, eben das u, und für sämtliches Grünzeug nur die Bezeichnung »sulut« zur Verfügung hatte, Exkurs beendet – erhitzen wir nun etwas Öl, wieso nicht Distelöl, um bei Einheimischem und Näherliegendem zu bleiben, werfen eine ebenfalls klein geschnittene Schalotte hinein, wogegen sie zischend protestiert, schmeißen ihr dann, damit sie sich beruhigt, die ganzen Brennnesseln nach, und sollten diese ebenfalls zischen, rühren wir sie mit einem Holzlöffel um, bis sie nach Flüssigkeit dürsten, leeren dann ein Glas Weißwein hinein, es zischt und dampft abermals, danach schütten wir die inzwischen brodelnde Bouillon hinein, rühren das Ganze ein bisschen um, stellen dann die Herdplatte klein und deckeln die Pfanne.

Während die Suppe gemütlich vor sich hinblubbert, können Sie sich überlegen, mit welchen Gewürzen Sie Ihre Lieben und sich selbst überraschen wollen. Ich empfehle das Einfache, also Pfeffer, etwas Muskatnuss dürfen Sie auch hineinraffeln, und auch eine Prise Zucker ist ein Gewürz, ein milderndes eher, greifen Sie dafür zu einem der Zuckersäcklein, die Sie aus einem Restaurant mitgenommen haben, in dem Sie einen Kaffee tranken, ohne ihn zu zuckern. Lesen Sie die Aufschrift und erinnern Sie sich dabei, wo Sie es herhaben, aus Pontresina, aus Milano oder aus Barcelona, aber dann das Säcklein aufreißen und den Inhalt hineinrieseln lassen, und wenn Sie wollen, können Sie noch ein Ei hartkochen, dieses dann klein schneiden und der Sulutsupp hinzufügen.

Natürlich haben wir uns mit all dem ein bisschen von der Steinzeit wegbewegt, auch mit dem Rahm, von dem wir zum Schluss etwas hineintröpfeln lassen, aber allzu genau wollen wir das nicht nehmen, und ich kann Ihnen eine Suppe garantieren, bei der Ihre Gäste Fragen stellen werden. Sollten sie allerdings bloß sagen, eine interessante Suppe, dann ist sie Ihnen nicht gelungen, denn interessant ist das Schlimmste, was man von einer Speise sagen kann, dahinter kommt gleich abscheulich, aber wenn sie mit glänzenden Augen fragen: »Sag mal, was ist das genau?«, dann haben Sie gewonnen.

Ein deutscher Bekannter, etwas älter als ich, dem ich von meiner Brennnesselsuppe erzählte, wohl im schwärmerischen Ton eines Herolds des einfachen Lebens, sagte mir, danach werde es ihn ein Leben lang nicht mehr gelüsten. Nach dem Grund dieser Ablehnung gefragt, antwortete er, die habe er während des Krieges immer essen müssen.

So lange ist die Steinzeit also doch nicht her.

Holundersirup

Ich darf, denke ich, im Handgepäck, das ich ins Flugzeug nehme, keine Getränke haben, und nehme meine PET-Flasche mit Wasser in vorauseilendem Gehorsam wieder heraus.

Später, als ich zwei Flaschen selbergemachten Holundersirup gut einwickle und in den Koffer lege, denke ich, was, wenn die kaputtgingen? Sie würden ihren klebrigen Saft im ganzen Koffer verbreiten und auch den Anzug, den ich für den festlichen Empfang am Abend schon eingepackt habe, unbrauchbar machen.

Also nehme ich die beiden Flaschen in den Rucksack, antworte auf die Frage der Sicherheitsfrau am Flughafen, ob ich Getränke dabeihabe, mit »Nein«, habe ich doch meine Wasserflasche eigens wieder entfernt, und erst als mir der Sicherheitsmann nach dem Durchleuchten des Rucksacks sagt, da seien aber Flaschen drin, fällt es mir wie Schuppen von den Augen.

Zum Glück reicht es noch, erneut zum Check-in zu gehen und den Rucksack, in dem die Flaschen nun bedeutend weniger gut geschützt sind als im Koffer, ebenfalls als reguläres Gepäck aufzugeben, es gelingt mir auch, wieder zur Sicherheitskontrolle zugelassen zu werden, obwohl mir der Bar-Code meiner Bordkarte den Zutritt zunächst verweigert – ich habe mich dem Aufsichtsbeamten zu erklären – und kann in Berlin den Rucksack mit den unversehrten Flaschen vom Rollband heben.

Die Empfänger waren vom Holundersirup begeistert.

Glück

Ich glaube, heute haben Sie Glück.

Sie müssen sich nicht um 10 Uhr nüchtern zu einem ambulanten Eingriff ins Bezirksspital begeben, wo man Ihnen den Rücken anästhesiert, bevor man Ihnen eine Spritze in den Spinalkanal verpasst, Sie müssen sich auch nicht bei Ihrem Onkologen einfinden, um mit ihm zu besprechen, ob Sie doch noch einmal eine Chemotherapie mit einem neuen Medikament machen wollen, Sie müssen nicht vor dem Polizeirichter erscheinen, weil Sie sich geweigert haben, eine Buße zu bezahlen, die in Ihren Augen ungerechtfertigt war, Sie müssen nicht zur Beerdigung eines Freundes, der sich das Leben genommen hat und müssen sich nicht fragen, warum Sie seine Andeutungen nicht ernst genommen haben, Sie müssen nicht zu einer dreitägigen Prüfung, auf die Sie viel zu wenig vorbereitet sind – das alles müssen Sie nicht, sondern Sie haben einen ganz normalen und langweiligen Tag vor sich – ist das nicht ein Glück?

Die Zeit

Was immer der heutige Tag bringen wird, er wird Zukunft in Vergangenheit verwandeln. Er tut dies mittels der Gegenwart, welche man sich wie eine Schaufel vorstellen kann, die uns in die Hand gegeben wird, um Minuten von vorn nach hinten zu werfen, oder eher wie einen Spaten, um die Zeit umzustechen, oder auch wie ein kleines Gartenschäufelchen, mit dem wir Sekunden aufhäufeln und von einem Balkonkistchen ins nächste laden und dabei nicht vergessen dürfen, darin etwas zu pflanzen und zu gießen, etwas, das durch die Gegenwart hindurch in die Zukunft hineinwächst.

Kleine Entgleisung

Die Schaffnerin bringt mir den bestellten Schwarztee an meinen Platz und fragt mich, ob ich Zucker, Milch oder Zitrone wolle. Ein Blick aufs Tablett zeigt: sie hat keinen Süßstoff dabei. Den möchte ich aber, und nur den.

»Kein Zucker«, sage ich, und füge hinzu »Milch und Zitrone«.

Leicht verwundert legt sie mir das Gewünschte auf die Serviette, und ebenso verwundert blicke ich, als sie gegangen ist, auf das gelbe Plastiksäckchen und das braune Döschen.

Was soll ich damit?

Süßstoff wollte ich!

Vergessen

Wenn die Dentalhygienikerin ihr blutiges Handwerk vollendet hat, kommt immer noch rasch der Zahnarzt vorbei, um in meinen Mund zu schauen. Er hat mit mir die Kantonsschule besucht, und seit etwa 30 Jahren lasse ich meine Zähne von ihm behandeln. Als er den Raum betritt und mich mit meinem Vornamen begrüßt, stocke ich, bevor ich ihm einen Namen sage, der nur leicht von seinem wirklichen Namen abweicht.

»Kein Problem«, sagt er lachend, als ich mich wenig später in seinen richtigen Namen hineinkorrigiere und mich entschuldige.

Kein Problem? Für ihn nicht. Nur für mich.

Mir ist, als sei ich für einen Moment mit einem Fuß in einen Abgrund gerutscht und habe mich gerade noch festhalten können, an einem Gedächtnisast eines Hirnstamms oder Stammhirns.

Wie heißt er bloß?

Bei einem Anlass erzählte mir ein Buchhändler, er sei am 80. Geburtstag von Dieter Hildebrandt im »Berliner Ensemble« gewesen, wo verschiedene Kollegen Hildebrandts als Gratulanten aufgetreten seien. Vor allem habe ihm einer imponiert, der mit einem schwarzen Lederhandschuh als Prothesenimitat einen faschistoiden Rentner gespielt habe, er komme jetzt nicht auf den Namen, ob ich den kenne.

Sicher kenne ich den, sagte ich, recht gut sogar, und ich sah ihn vor mir, ich war schon gemeinsam mit ihm aufgetreten, habe mindestens zwei Mal ein Programm von ihm gesehen, das letzte Mal bei den Oltner Kabaretttagen, aber dort wo sein Name aufscheinen sollte wie etwas Selbstverständliches, schien nichts auf, da war ein weißer Fleck, oder ein grauer, als würde im Bus der Monitor mit den Haltestellen ausfallen, und wieder einmal schien mir das Vergessen etwas Ansteckendes zu sein: Dein Gegenüber hat etwas vergessen, und schon packt dich der Schrecken, du könntest es auch vergessen haben.

Später am Abend, wir saßen zum Nachtessen an verschiedenen Tischen, kam er zu mir herüber und sagte erleichtert, Georg Schramm, natürlich, schrie ich so laut, dass meine Nachbarn zusammenzuckten, aber natürlich wäre ich lieber zu ihm hinübergegangen und hätte so laut Georg Schramm gesagt, dass seine Nachbarn zusammengezuckt wären.

Der Schirm

Im Bahnhof Bern lasse ich mir im Blumenladen drei Sonnen-
blumen, eine Lilie und zwei Goldrauten zu einem Strauß bin-
den, bezahle ihn und gehe, da ruft mir die nächste Kundin zu:
»Sie haben Ihren Schirm vergessen!«

Ich hatte Glück. Es war nicht meiner.

Das Glimmerli
eine Sage aus der Schweiz

Zuhinterst im Simmental, wo es auf die unwirtlichen Höhen des Rawilpasses zugeht, biegt ein verborgenes Bergtal ab, das Glimmertal, und der Eingang dieses Tales wird seit Urzeiten von einer Burg bewacht, der Burg Glimm.

Nein, werden Sie sagen, das kennen wir doch, immer dasselbe, bestimmt eine Burg mit Raubrittern, welche die Reisenden überfielen und die Säumer über den Rawilpass drangsalierten, und eines Tages, als ein unbekanntes armes Müitterlein des Weges kam und um Herberge bat, wurde es schnöde abgewiesen, verspottet und derart weggestoßen, dass es die Burgtreppe hinunterstürzte, und, unten angekommen, erhob sich das Mütterchen, rieb seine Schürfungen und Prellungen mit Arnikasalbe ein, schwang sich dann auf einen Hirsch, der mit scharrenden Hufen und schnaubenden Nüstern bereitstand, und während das Weiblein im Galopp talabwärts entschwand, stieß es eine grässliche Verwünschung über die Burg Glimm und die Glimmer aus, und in der nächsten Nacht –

Darf ich vielleicht –

– und in der nächsten Nacht war vom Rawilpass her ein Donnergrollen von nie gehörter Gewalt zu vernehmen, ein Wetterleuchten erhellte die Berggrate, als ob drüben das ganze Wallis in Flammen stünde, Blitze zischten aus dem schwarzen Wolkengebräu und steckten Arven und Steinböcke in Brand –

Nun hören Sie mal –

– aber natürlich, so geht's doch zu in den Sagen, und ein Sturmwind brauste von der Passhöhe ins Tal und vom Tal zur Passhöhe, und der alte Raubritter Dietmar der Glimmer stand auf den Zinnen seiner Burg, blickte mit seinem zernarbten Gesicht wild umher und sagte zu seinem buckligen Marstall Heinrich der Höcker: »Das tut ja wieder«, um dann seine Faust zum Himmel zu recken und dem Allmächtigen zu fluchen –

Sie wissen scheinbar Bescheid, aber –

– aber sicher, werden Sie sagen, wir wissen alle Bescheid, in diesem Moment kam doch keuchend die Burgherrin Gunhildis die Wendeltreppe zur Zinne hoch, stellte sich in ihrem weißen Nachtgewand, das im Winde flatterte, vor ihren Gemahl und fragte ihn, ob er etwa einer alten Frau die Herberge verweigert habe. Blitze umzuckten das Haupt des alten Glimmers, als er mit höhnischem Gelächter zur Antwort gab, darüber sei er nicht einmal seinem Weibe Rechenschaft schuldig, worauf Gunhildis ihm ins Gesicht schleuderte: »Unseliger, es war deine Mutter!« –

Sagen Sie, wer erzählt hier eigentlich die Geschichte –

– ja, haben Sie das noch nicht gemerkt, und wussten Sie nicht, dass der alte Glimmer seine Mutter nicht gekannt hatte, da sie vom Hufschlag des Pferdes, das sie hätte zur Taufe ihres Sohnes bringen sollen, darniedergestreckt wurde, und dass seither ein Unstern über dem Hause Glimm leuchtete, denn auch der Vater des alten Glimmers, der damals noch ein junger Glimmer war, Halpart der Halsstarrige, wurde wenig später auf einem Raubzug von Wegelagerern, die ihm ihrerseits auflauerten, hinterrücks erstochen, und nur der Umsicht von Marstall Heinrich dem Höcker war es zu verdanken, dass die Burg Glimm die unruhigen Zeitläufte unbeschadet überstand, bis Dietmar von Glimm herangewachsen war und die Zügel selbst in die Hand nehmen konnte und zum rücksichtslosesten Mordbrenner weit und breit wurde –

Lassen Sie mich doch mal –

– nun unterbrechen Sie mich nicht dauernd, und dieser Verruchte stand nun also auf des Schlosses Zinne und hörte von seiner Gemahlin Gunhildis, dass er soeben seine Mutter verstoßen hatte, das Blut wich ihm aus dem Gesicht, eine Leichenblässe stieg ihm ins Antlitz, seine Backenknochen versteiften sich, und mit hohler Stimme fragte er sein Weib: »Wes Nachricht kündest du mir da?« –

Wieso wes –

Mittelalter, mein Lieber, pures Mittelalter, also, und nun gestand ihm Gunhildis, dass Dietmars Mutter damals nicht den Tod erlitt, sondern zu einem Salbader nach Schloss Niedergurgel gebracht wurde, wo auch Gunhildis heranwuchs, dass die Mutter langsam genas, aber durch die Narben der erlittenen Wunden so entstellt war, dass sie nicht mehr zurückkehren wollte und Gunhildis ihren Sohn Dietmar empfahl, und als sie endlich von der bevorstehenden Hochzeit erfuhr, sich davonmachte und nie mehr gesehen wurde, aber Gunhildis anvertraute, einmal werde sie Burg Glimm besuchen, wenn sie so alt sei, dass es auf die paar Narben nicht mehr ankäme, und bis dann solle sie das Geheimnis ihrer Rettung bewahren.

Na, sowas –

Da staunen Sie, nicht? So ging es zu in den alten Zeiten, und das Schlimmste kommt erst, denn ob dieser Enthüllung entbrannte der alte Glimmer in ohnmächtiger Wut, er packte Gunhildis, schüttelte sie, stemmte sie hoch und warf die grässlich Aufschreiende über die Zinnen seiner Burg in den Tod, was Heinrich den Höcker so erboste, dass er seinen Dolch zog und Dietmar den Glimmer damit ins Herz stach. »So also lohnest du die Treue!«, sollen die letzten Worte Dietmars gewesen sein, die allerdings nicht einwandfrei verbürgt sind, denn gleich darauf erhellte ein Blitz das halbe Berner Oberland, fuhr auf den Marstall nieder und zerteilte nicht nur ihn, sondern die ganze Burg, die darauf bis auf ihre Grundfesten niederbrannte, und niemand von den Talbewohnern kam, um sie zu löschen –

Kaum zu glauben –

Und doch wahr, denn die Funken, die noch Jahre, ja Jahrhunderte glühten, waren für nächtliche Wanderer, die vom Rawilpass kamen, das Zeichen, dass sie das obere Simmental erreicht hatten, und Jahrhunderte lang nannte man die Funken Glimmerli –

Na, endlich, aber wissen Sie –

Und dieser Name verbreitete sich aus dem Berner Oberland in die ganze Schweiz und stand für eine Hilfe zur Orientierung in der Nacht, so dass man die besagte Schaltereinrichtung bis auf den heutigen Tag –

So, Schluss jetzt mit dem Unsinn, ich erzähle Ihnen, wie es wirklich war!

Wie denn, werden Sie fragen, und sich erwartungsvoll und siegesgewiss zurücklehnen.

Also hören Sie: Es war einfach so, dass die Bewohner dieser Burg für ihre Ungeschicklichkeit bekannt waren. Während Jahrhunderten stürzten in jeder Generation mindestens zwei bis drei Menschen die Wendeltreppe hinunter zu Tode, wenn sie den Abort im unteren Stock aufsuchen wollten, da ihnen häufig oben an der Treppe ein Luftzug aus einer Schießscharte die Kerze ausblies, es gab sogar einen Spottvers im Tale, der hieß:

Ohne Kerzenschimmer
Lebt der Glimmer nimmer!

Und als Anfang des 20. Jahrhunderts oben an der Wendeltreppe der erste elektrische Schalter eingerichtet wurde und die Leute ohne Kerze nachts nach dem Schalter tasteten, fanden sie ihn erst recht nicht, und die Todesstürze hörten nicht auf, bis dann ein findiger Simmentaler Elektriker auf die Idee kam, ein immer brennendes Leuchtelementchen in den Schalter einzubauen. Dieses Leuchtelementchen nannte er ein Glimmerli, und mit dieser Einrichtung, welche der Elektriker beim Eidgenössischen Patentamt im Jahre 1913 unter der Nummer 244–13–718 G schützen und registrieren ließ, verbreitete sich auch der Ausdruck, obwohl kaum mehr jemand weiß, dass er nichts mit Glimmen, sondern mit der Burg Glimm und ihrer unglückseligen Geschichte zu tun hat.

– Wissen Sie, was? werden Sie vielleicht sagen.

– Nein, was denn? antworte ich.

– Meine Geschichte hat mir besser gefallen.

– Und wissen *Sie*, was? werde ich fortfahren.

– Nein, was denn?

– Mir auch.

Der König

»Wer kommt mit mir einen heben?« rief der König, als er den Festsaal betrat.

Aber der Saal war leer.

»Wo sind denn alle meine Freunde?« fragte der König mit lauter Stimme.

Da bewegte sich die Brokatdecke des Tisches, und der Narr streckte seinen Kopf hervor.

»Ein König hat keine Freunde«, sagte er und verschwand wieder unter dem Tisch.

Kriegsveteranen

Folgendes wurde lange geheim gehalten.

Die »Gesellschaft für den Weltfrieden« hatte im November 1996 die letzten zwei überlebenden Soldaten des Ersten Weltkriegs zu einem Treffen eingeladen, den 97jährigen Ralf Offermann aus Köln und den 99jährigen Jérôme Blanc aus Poitiers. Die beiden sollten sich in einer schlichten Feier in einem Hotelsaal in Verdun zum Zeichen der endgültigen Versöhnung die Hand reichen.

Doch als die Zeremonie am Vorabend kurz geübt wurde, humpelte Blanc auf Offermann zu, ließ seine Krücken fallen und schlug ihm die Faust ins Gesicht. Der Deutsche konnte dem Franzosen noch einen Kinnhaken versetzen, dann sanken beide taumelnd nieder und mussten ins Spital gebracht werden, wo sie wenig später starben, und damit war der Erste Weltkrieg zu Ende.

Nächstenliebe

»Nein«, dachte die Kirchgängerin, nachdem sie während der Predigt verstohlen den ungepflegten Mann neben sich gemustert hatte, der mit seinen Fingern deutliche Fettflecken im Gesangbuch hinterließ und dessen Mundgeruch sich bei jedem Gemeindelied bis zu ihr verbreitete, »nein, den Nächsten kann ich nicht lieben.«

Als sie hinter ihrem Nachbarn den schlanken Kraushaarigen mit dem leicht angegrauten Bärtchen und dem fröhlichen Blick sah, dachte sie: »Aber vielleicht den Übernächsten.«

Frauen

Frauen sind ein Rätsel.

Männer auch.

Fußgängerstreifen

Heute fiel mir ein Kind auf, das die Straße auf einem Fußgängerstreifen überquerte. Es machte überaus große Schritte,
hüpfte manchmal sogar, und da sah ich, dass es sorgsam darauf
achtete, nur auf die gelben Streifen zu treten, und dass es sich
vor den Zwischenräumen hütete, als würde es beim geringsten
Fehltritt in einen Abgrund stürzen.

Der Gorilla

Heute Morgen klopfte es an unserer Wohnungstür. Ich öffnete, und ein Gorilla stand draußen. Seine Vorderpfoten steckten in dicken roten Handschuhen, er stützte sich damit auf den kleinen Teppich und schaute mich von unten herausfordernd an.

Ich war überrascht, fasste mich aber bald wieder, denn ich kannte den Gorilla. Er ist fünf Jahre alt und wohnt im unteren Stock. Wenn seine Mutter einkaufen geht, leihen wir ihr jeweils unsern Einkaufswagen, und sie schickt ihren Fünfjährigen nach oben. Er ist manchmal ein Indianer, manchmal ein Pirat, manchmal ein Cowboy. Dass er auch ein Gorilla ist, wusste ich bis jetzt nicht. Aber den Wagen gab ich ihm trotzdem.

Kanada

Es hat geschneit wie schon lange nicht mehr.

Als man um zehn Uhr nachts keine Flocken mehr durch das Laternenlicht wirbeln sieht, ziehe ich meine hohen Schuhe an und gehe noch auf einen kurzen Spaziergang.

Zu meiner Überraschung finde ich mich in einem kanadischen Dorf. Die Spuren im Garten, leicht verwischt und hastig, müssen von einem Silberfuchs sein. Die Autos stehen am Straßenrand, als seien sie von ihren Besitzern aufgegeben worden, manche strecken hilflos ihre Scheibenwischer von sich.

Der Autofahrer, der mühsam auf dem Wendeplatz anhält, wahrscheinlich ein Jäger oder Fallensteller, öffnet seine Hecktüre, und ein Hund hechelt heraus, kurz darauf hört man im Wäldchen einen Wolf heulen.

Ein Badezimmer im ersten Stock eines Hauses ist erleuchtet. Hinter den Milchglasscheiben sieht man einen entblößten Frauenkörper, oder man ahnt ihn eher. Ich bleibe wie ein kanadischer Schuljunge stehen und freue mich einen Moment an dem Anblick.

Als ich die Regensbergstraße überquere, naht ein Auto. Mir scheint, es fahre zu schnell. Die Straße ist nicht gepflügt, jedes Auto fährt zu schnell.

Ich gehe die kleine Rampe hinauf zu unserm Gartentor.

Ich betrachte nochmals die Spur des Silberfuchses, die nach einer Weile in den Nachbargarten abbiegt.

Ich biege zu meiner Haustür ab.
Ich vergaß, sie abzuschließen.
In Kanada braucht man das nicht.

Notbremse

Während eines furchtbaren Gewitters will ich mit der S-Bahn vom Hauptbahnhof nach Wipkingen. Der Lokomotivführer vergisst, in Wipkingen anzuhalten. Entschlossen ziehe ich die Notbremse. Erst im Tunnel kommt der Zug zu stehen. Über die Lautsprecher ertönt das Gedicht »Weltende« von Jakob van Hoddis.

Dann öffnen sich die Türen, und die Fahrgäste nach Wipkingen werden gebeten, zu Fuß zum Bahnhof zurückzugehen. Als ich den Tunnelausgang nach kurzer Zeit zusammen mit einer schwer keuchenden Afrikanerin in einem bunten Gewand erreiche, liegt Zürich in Trümmern. Weinend fallen wir einander in die Arme.

Insù

Woher kommt mir im Morgengrauen der düster blickende Mensch mit gezwirbeltem Schnurrbart und stechendem Blick entgegen? Und dem Traggefäß mit den zwei Käselaiben auf seinem Rücken? Und wieso misst er mich mit den Augen? Sein kurzer Gruß »Bun di!«, klingt der nicht rätoromanisch?

Und die Ziegenherde, die mich plötzlich umgibt, bedrängt, bei den ersten Alphütten? Sagte man mir nicht, es gebe in diesem Tessiner Tal kein Vieh mehr? Und die junge Frau im langen Rock mit der ausgebleichten Schürze, welche die Ziegenherde mit dem Stock auseinandertreibt? Was fragt sie mich? »Insù?« Hinauf? Sicher will ich hinauf, hinauf ins Menschenleere, Verlassene.

Und die zwei Burschen, die mir nun in den Weg treten? Mit diesen Nagelschuhen und den Hosenträgern? Schon wieder »insù?« Und warum ist mir die Ziegenfrau gefolgt? Wieso lehnen drei Sensen an der Felswand? Und wozu ist das Seil, das sich neben einem Wasserfall von einer Eisenstange zur nächsten die Wand hinaufzieht, bis es am Horizont verschwindet? Insù? Da? Ich, der ich nicht schwindelfrei bin? Und wieso legt der erste seine Sense auf die Schulter und beginnt die Felswand hochzugehen, mit den Händen am Seil, mit den Füßen Tritte suchend oder sich von der Wand stemmend? Und jetzt ich, insù? Und wieso geht es tatsächlich, wenn ich es versuche? Und warum klettert hinter dem zweiten Burschen auch die Ziegenfrau hoch?

Und das dichte, duftende Gras auf dem Absatz, bei dem das Seil endet? Ich, mähen, mit den zwei andern? Und wieso sitzt die Ziegenfrau so nah am Abgrund, wenn sie das gemähte Wildheu in die Tücher packt und diese zuletzt verschnürt? Was? Die schmeißt sie einfach in die Tiefe?

Und zuletzt wieder runter am Seil? Wieso kann ich das? Wieso mach ich das? Wieso folge ich den dreien zu den riesigen Felsblöcken? Von denen Rauch aufsteigt? Wieso trete ich durch die Tür einer Mauer in eine Höhle unter dem Felsblock ein? Was grinst der Alte, der im Käsekessel am offenen Feuer rührt?

Kann ich die steinharten gebratenen Kastanien nicht einfach ablehnen? Und den sauren Wein aus dem Holzbecher? Die werden doch nicht etwa so leben? Totalaussteiger?

Wieso stecken die Löffel in den Ritzen der Mauer? Und das Kalenderblatt an einem Holznagel? 24 giugno? Richtig, aber das Jahr darüber – 1930? Wieso starren alle auf meine Füße? Noch nie einen Wanderschuh gesehen? Und auf meine Goretex-Windjacke? Und wieso kommen nun alle auf mich zu?

Im Wasser

Ich fühle mich wohl im Wasser.

Ich schwimme ununterbrochen, ich kann gar nicht genug kriegen davon. Durch meine Kiemen atme ich Wasser ein und aus.

Wenn ich mich ausruhen will, begebe ich mich hinter den Stängel einer Wasserpflanze, die ich mit dem Mund berühre.

Von Zeit zu Zeit lasse ich mich zur Oberfläche steigen und schnappe mir eine Fliege, eine Mücke oder einen Wasserläufer.

Im Bodenschlamm suche ich nach Algen, Larven oder Kleinstkrebsen.

Ich bin ein Fisch.

Ich bin am 1. März geboren.

Jeden Tag sitzt der Tod am Ufer und wirft seine Angel nach mir aus.

Irgendeinmal werde ich anbeißen.

Inhalt